home coaching

W0390307

INDUSTRIE-DESIGN

Geneviève Thomas
Fotos: Kim-Cúc

7HILL

C
C
C
N
E
U
25 56
MARDI
29 MARS

INHALT

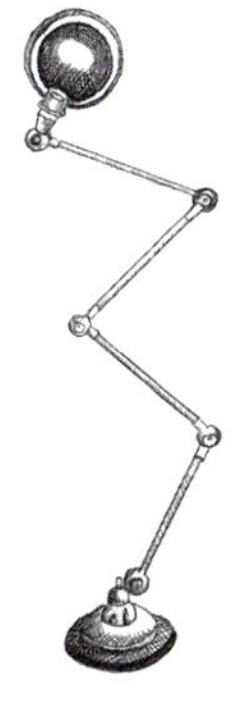

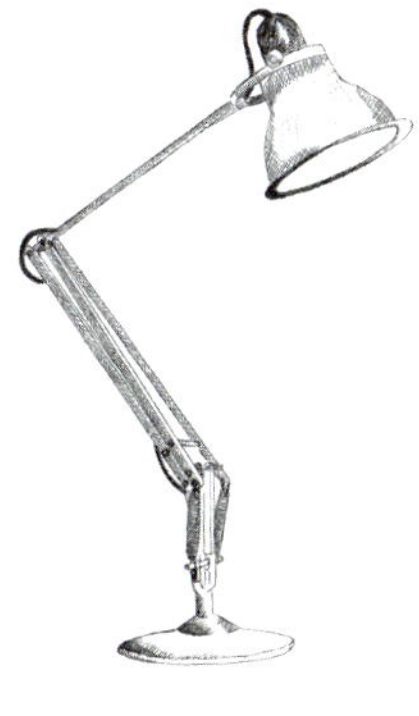

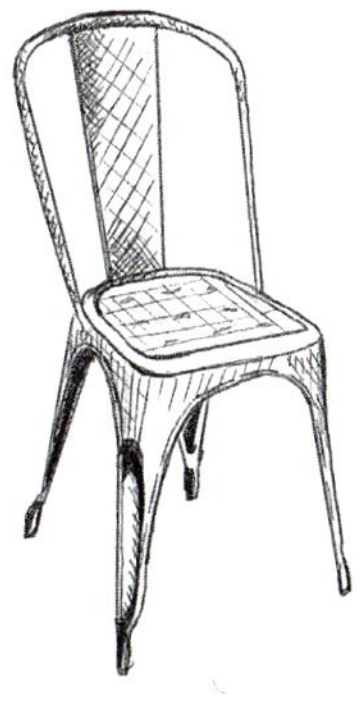

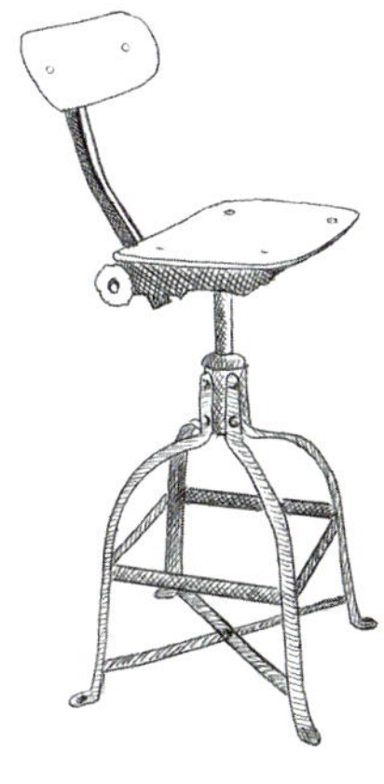

RENSEIGNEMENTS
FER

VORWORT

Sie mögen Holz, Metal, Beton, ...

... die Authentizität unbearbeiteter Materialien und ihre willkürlichen Texturen? Sie sammeln ungewöhnliche Objekte sowie praktische und solide Möbel? Sie mögen Kontraste und sind versessen auf Neuheiten, bevorzugen jedoch insbesondere das Zeitlose in einer einfachen, natürlichen und eleganten Atmosphäre?

Dann ist das Industriedesign etwas für Sie!

Während Industrieruinen zunächst von Künstlern auf der Suche nach kreativen Lebensraum entdeckt wurden, inspirieren sie heute immer mehr Menschen, die Arbeitsplatz und Lebensqualität in einem einzigen Raum vereinen wollen. Dabei muss man nicht in einer Fabrik wohnen, um eine solche Lebensweise anzunehmen! Ungewöhnlich, seltsam und zugleich gewagt – der industrielle Stil hält Einzug in unsere Lebensräume. Die Einrichtung integriert sich in den Wohnraum und spiegelt zugleich die Persönlichkeit der Bewohner wider, ohne dabei auf Komfort zu verzichten. Umfunktionierte Materialien, aber auch barocke, ethnische oder künstlerische Einflüsse sind Teil des Industriedesigns. Ein raffinierter Einrichtungsstil, der jedem zugänglich ist und keine Wünsche – seien sie noch so widersprüchlich – offen lässt!

Jenseits aller Normen und Trends

Die wachsende Begeisterung für den architektonischen Stil des 20. Jahrhunderts beruht auf der Nostalgie für eine Epoche, in der Mobiliar noch eine hohe Lebensdauer aufwies. Robustheit und Haltbarkeit sind die Hauptmerkmale der gefragtesten Objekte. Dieser schlichte Stil, bei dem sich die Form nach dem Zweck richtet, weist Parallelen zum zeitgenössischen Minimalismus auf, hat aber zeitgleich einen antiken Touch. Ehemals ausrangierte Objekte werden umfunktioniert und verleihen dem Raum Einzigartigkeit und ein hohes Maß an Pepp.

Schlicht und authentisch

Trotz ihrer eher schroffen Erscheinung haben sich die qualitativ hochwertigen Materialien zur Einrichtung industrieller Räume bewährt. Ihre Pflegeleichtigkeit und Robustheit machen ihre Schlichtheit wieder wett. Es handelt sich um verlässliche und stets ansehnliche Materialien, wenn sie unverändert eingesetzt werden; sie wirken aber gleichzeitig luxuriös, wenn sie obendrein noch handwerklich bearbeitet werden – ein vorteilhafter und leicht umzusetzender Einrichtungsstil, mit dem im Wohnraum die gewisse rudimentäre Optik erhalten werden soll. Gilt es, einen Altbau neu einzurichten, wird man zunächst Wände und Böden freilegen und alle unnötigen Einrichtungen entfernen – ohne dem Gebäude seinen originellen Charakter und seine Authentizität zu nehmen.

AUTHENTHISCHE MATERIALIEN

Arbeiten mit Metall

Stahl, Kupfer, Blei, Zinn, Quecksilber, Silber, Gold

Seit der Eisenzeit ist Metall ein nicht mehr wegzudenkender Baustoff, und seit dem 19. Jahrhundert erweist es sich als das zukunftsweisende Baumaterial schlechthin. Die Massenproduktion von Eisen zog die industrielle Revolution nach sich und legte gleichzeitig den Grundstein für die Architektur in Metall: Der industrielle Stil war geboren! In Frankreich verwirklichte Gustave Eiffel seine ersten Bauwerke aus Stahl, den Garabit-Viadukt und den weltberühmten Eiffelturm. Eisen steht für Stärke und Langlebigkeit, und gerade im fachmännischen Bausegment stellt dieser besondere Baustoff seine zahlreichen Qualitäten unter Beweis. Die eleganten Glas- und Stahlkonstruktionen, wie sie bei Bahnhöfen und Fabriken Anwendung finden, symbolisieren den Beginn einer modernen Architektur mit der Absicht, Riesenhaftigkeit mit Leichtigkeit zu verbinden. Neue Möbel aus Metall verdrängen die üblichen Holzmöbel.

In Hüttenwerken und Gießereien schreitet die Weiterentwicklung des Baustoffs rapide voran, vor allem auch durch die Erfindung neuer und sicherer Verfahren wie der Galvanisierung sowie der Verwendung von Nickel- und Chromlegierungen.

▼ Stark und robust – die elegante Fassade aus Eisen erstrahlt in warmen Farbtönen, die auf natürliche Oxidation zurückzuführen sind.

Gusseisen, Zink, Aluminium, Chrom, Edelstahl

Bereits im 20. Jahrhundert diente Metall den Künstlern als Inspirationsquelle. In den 1930er-Jahren wird es zum wichtigen Baustoff der Avantgarde-Bewegung, die sich für die Funktionalität, aber auch für die luxuriöse Ästhetik des Materials begeistert. Charles-Edouard Jeanneret (bekannt als „Le Corbusier"), Charlotte Perriand und der Kunstschmied und Architekt Jean Prouvé befassen sich mit der Ästhetik dieses Baustoffs (s. S. 75). Seit dem Einzug von Science-Fiction in den 1960er-Jahren lässt sich die Mode- und Einrichtungswelt vom futuristischen Charakter des Metalls inspirieren. Der Umbau von Industrieruinen in Wohn- und Arbeitsräume bringt die Metallstrukturen noch mehr zur Geltung, die seitdem den Loft-Stil prägen. Der starke Anstieg des Wechselkurses im Stahlgewerbe scheint der Beliebtheit keinen Abbruch zu tun: Ob vom Fußboden bis zur Decke, von Möbeln bis hin zu Haushaltsgeräten – das Einsatzspektrum von Metall vergrößert sich zunehmend.

▼ Diese wunderschönen Schränke aus Metall stammen aus einer alten Industrieanlage.

▲ Als Mauerwerk dienen Metallplatten, die auf einer Holzkonstruktion verklebt und mit Nieten zusammengehalten werden.

Metall richtig einsetzen

Metall ist das Hauptelement für eine industriell angehauchte Einrichtung. Es ist gut wärmeleitend und geräuscharm – solange es nicht in Schwingung gerät. Bringen Sie es auch in Ihrer Wohnung so gut wie möglich zur Geltung:

- Dachstuhl mit schwarzen Metallträgern;
- Balken und Stützpfeiler im IPE-Profil als Raumteiler anstelle einer Wand;
- Rahmen aus Metall, die große Fenster mit Blick nach draußen zieren, oder Metallrahmen als Raumteiler;
- lackierte Stahlleisten, verlegt nach dem Prinzip des Stabparketts oder des antiken Parketts;
- Treppen, Laufgänge und Geländer aus galvanisiertem Stahl oder von einem Kunstschlosser nach Maß angefertigt, der das Metall auf andere in der Wohnung verwendete Materialien (Holz, Glas oder Beton) abstimmt.

LOU DONALDSON
One More Wednesday
1000 Record Covers
1000 chairs
GERRIT TH. RIETVELD
American Ads
PARIS BANLIEUE

◄ ► **Von der industriellen Bauart inspiriert: Stahlträger an der Decke und Treppenstufen aus gelochten Blechen.**

Meisterhaft umgesetzt

Keine Frage, Metall ist ein praktischer, robuster, umweltfreundlicher und gut zu verarbeitender Baustoff. Es kommt sehr oft bei der Einrichtung industrieller Anlagen zum Einsatz, doch es ist gleichermaßen dazu geeignet, neue Akzente in der Wohnung zu setzen. So lassen sich etwa Stahl-, Edelstahl- oder Zinkbleche zu einer Arbeits- oder Tischplatte verarbeiten. Treppen aus Metall integrieren sich unproblematisch in die Einrichtung. Die galvanisierten Stahlträger strahlen Ästhetik sowie Glanz aus und harmonieren mit dem Beton der Decke. Den Boden zieren gemusterte Metallplatten, die oft im Baugewerbe Anwendung finden. Ein besonderer Blickfang sind Metallplatten als Wandverkleidung, die zunächst verklebt und anschließend vernietet werden. Die Platten spiegeln das Licht des Raums sanft wider, und obendrein vermittelt diese robuste Konstruktion den Bewohnern ein Gefühl von Sicherheit. Zusätzliche Hingucker sind Stahltüren, flexible Trennwände in Maschendrahtoptik und Duschwände aus Zink.
Ob nach Maß angefertigt oder nicht: Metall ist ein unabdingbarer Baustoff im Industriedesign. Es lässt sich problemlos mit einer Vielzahl anderer Materialien kombinieren, am besten mit Beton, Holz oder Glas.

Essgeschirr: Achtung!

► Alte Ausschanktheken aus der Gastronomie sind als Essgarnitur ungeeignet, da sie oft noch mit einer giftigen Blei- und Zinnlegierung überzogen sind.

► Ratsam ist eine Neubeschichtung aus gebürstetem Edelstahl, galvanisiertem Stahl, Aluminium oder Zink.

Arbeiten mit Beton

Reiner Beton

Die Bewohner umgebauter Industriegebäude waren darauf bedacht, die Kosten ihrer Einrichtung möglichst gering zu halten. So erkannten sie als Erste die Ästhetik von Beton und machten sie sich zunutze. Wegen seiner vielen Eigenschaften wie Robustheit, Formbarkeit oder Umweltfreundlichkeit wird Beton sowohl für den Rohbau als auch für die Einrichtung eingesetzt. Reiner Beton findet Anwendung in den luxuriösesten Lofts. Seine Ästhetik macht ihn gleichzeitig zum bevorzugten Baustoff einer avantgardistischen Architektur. Im Vergleich zu früher steht Beton heute für einen zeitgenössischen, minimalistischen und eleganten Baustil.

▲ Schmutzabweisend und leicht zu reinigen: Ein Boden aus gefärbtem Beton verleiht dem Wohnraum Frische und Heiterkeit.

Farbiger Beton

Farbiger Beton ist kostengünstig und schnell herzustellen. Er fand zunächst Anwendung in der Industrie. Während des Gusses wird der Beton mit einem mineralischen Härter, der in jeder beliebigen Farbe angemischt werden kann, gleichmäßig besprüht. Nach der Einbringung, dem Glätten mit der Glättmaschine und der Trocknung des Betons wird dieser mit einer Mischung aus Wachs und natürlichen Ölen oder durch Besprühen mit Polymerharz behandelt, was ihn noch belastbarer und widerstandsfähiger werden lässt.

Luxuriöser Beton

- Beton ist kostengünstig, doch die Herstellung von Deko-Beton kann sehr aufwendig und teuer sein.
- Der in Baumärkten angebotene Beton für Hobbyhandwerker ist zwar hochwertig, jedoch nicht immer für alle Anwendungen empfehlenswert.

▲ Macht vor allem in Bädern eine gute Figur: Poren-, Wachs oder Hohlblockbeton mit einer schützenden Lasur aus Acryl.

Wachsbeton

Wachsbeton ist eine luxuriöse Betonsorte, deren Verarbeitung mehrere Tage in Anspruch nimmt. Die Betonmasse wird zunächst gefärbt, dann in die maßgefertigte Ausschalung gegossen, geglättet, poliert, anschließend maschinell gewachst und auf Hochglanz gebracht. Bei großen Flächen sollte mit Fugendichtungen gearbeitet werden, um Rissbildungen zu vermeiden. In jedem Fall sollten Sie fachmännische Unterstützung in Anspruch nehmen.

Verputz in Betonoptik

Mittlerweile gibt es ein breites Spektrum verschiedener Putzarten, die eine Betonoptik erzeugen und speziell für Böden, Wände, Bäder, Küchen usw. geeignet sind. Diese neuartigen Mörtel sind formbar, leicht, robust, aber zugleich sehr ästhetisch und werden in dünnen Schichten von 2–10 mm aufgetragen. Nach Wunsch können sie mit Pigmenten eingefärbt und die Oberfläche mit verschiedenen Techniken geglättet, verkratzt, gestreift, gebürstet, gewachst, matt geschliffen oder hochglanzpoliert werden.

Man kann auch weitere Elemente wie Stein, Holz, Glas oder Metall einarbeiten, indem man sie vor dem Auftragen des Putzes auf die Grundfläche anbringt. Durch das Zusammenspiel von Farbe, Form und Oberflächenstruktur verleihen Sie dem Beton eine ganz persönliche Note.

◄ Mit Stahlbeton lassen sich individuelle Einrichtungsgegenstände herstellen, z. B. diese prachtvolle, ovale frei stehende Badewanne.

▲ Durch das Bearbeiten mit einer Schleifmaschine entstand hier ein Relief in zwei Grautönen.

▲ Farblich auf das Parkett abgestimmter Beton integriert sich in den Fußboden.

▲ Spezieller Putz verleiht der Wand eine Betonoptik.

Natürlichkeit – künstlerisch umgesetzt

Kalkhaltige Putzarten verleihen den Wänden eine natürliche Steinoptik.

▶ **Tadelakt** ist ein marokkanischer wasserabweisender Putz. Er besteht aus Muschelkalk und wird mit Kieselsteinen verdichtet, was ihm den typischen Glanz verleiht. Er kommt hauptsächlich in Hammams zum Einsatz, aber seine samtige Oberfläche macht ihn auch zu einem idealen Baustoff für den Innen- und Außenbereich.

▶ **Stuck** besteht aus Lehm und Sand. Verschiedene Verfahrenstechniken mit Schmierseife, Wachs oder Kalkmilch verleihen ihm seine Glätte und natürliche Erdfarben.

▶ **Stampflehm** ist ein Gemisch aus Lehm, Sand und Schotter, das mit Stampfgeräten verdichtet wird. Die Verarbeitung von Stampflehm verlangt fachmännisches Know-How.

▶ **Chaux Ferrée** ist ein Gemisch aus Kalk und Marmorstaub und dem Tadelakt sehr ähnlich. Durch das Auftragen mit einer Spachtel erhält er einen individuellen Glanz.

▼ Mit wasserabweisendem Betonguss lassen sich robuste und elegante Kücheneinrichtungen nach Maß herstellen.

Arbeiten mit Holz

Die Natürlichkeit von Holz

Gewähren Sie der Natur Einzug in Ihr Heim! Holz strahlt Wärme und Gemütlichkeit aus und ist die erste Wahl bei der Schaffung eines entspannten Wohnklimas. Es verstärkt die Ausstrahlung von Metall und lindert gleichermaßen die Schroffheit von Beton – Holz ist der Geheimtipp bei ästhetischen Industriedesigns. Es ist zudem eine erneuerbare Energiequelle, umweltfreundlich und wird mit zunehmendem Alter immer schöner. Durch Schleifen lassen sich Farb- und Lackschichten, aber auch Kalkanstriche und Kasein abtragen. Im natürlichen Zustand kommt Holz am besten zur Geltung: schroff, glanzlos, abgenutzt und ausgeblichen. Ob als Fußboden, Wände, Decke, Träger, Treppe, Tür, für Arbeitsplatten in Küchen sowie bei Möbeln oder Skulpturen: Holen Sie sich die Ästhetik und Natürlichkeit von Holz in die eigenen vier Wände!

▼ **Massiv und schroff – dieser Tisch wurde aus alten Holzbalken gebaut.**

Massiv- oder Sperrholz?

Über Jahrhunderte hinweg zierte Parkett aus Massiveiche die Fußböden – ein Baustoff, der sich aufgrund seiner Langlebigkeit bewährt hat und den Raum erheblich aufwertet. Heutzutage zählen diese Massivholzböden zu den historischen Fußböden und sind größtenteils nur noch über spezialisierte Antiquitätenhändler zu beziehen. Ihr Budget ist knapp? Für Begeisterte des Industriedesigns gibt es auch kostengünstige Lösungen, z. B. zu Lamellen zersägtes Sperrholz.
Dieser Baustoff eignet sich für die Herstellung von Möbeln wie Wandschränke oder Regale. Spanplatten sind sehr umweltfreundlich, leicht zu sägen und bedürfen keiner langwierigen Vorbehandlung, wenn Sie sie streichen oder lackieren wollen!

Gut vorbereitet ist halb gewonnen

▶ Überprüfen Sie die Herkunft exotischer Holzarten. Vergewissern Sie sich, dass es sich um zertifiziertes Holz handelt (FSC- oder PEFC-Gütesiegel) und eine umweltfreundliche Verarbeitung durchlaufen hat.

▶ Holzfasern gibt es in unterschiedlichen Qualitätsstufen – achten Sie vor dem Kauf auf die genaue Zusammensetzung.

▶ Schützen Sie wiederverwertetes Holz (für Türen, Träger oder Paneele) immer vor möglichem Schädlingsbefall.

▲ Ob in seiner natürlichen Eigenfarbe oder hell angestrichen: Holz verleiht diesem Loft Wärme und Gemütlichkeit.

Helles oder dunkles Holz?

Spielen sie auch hier mit dem Kontrast! Sowohl mit heller als auch mit dunkler Lasur können Sie die Struktur des Holzes besser zur Geltung bringen. Helle und matte Wände lenken die Blicke auf die davor stehenden Möbel aus dunkel lackiertem Stahl, während ein zart nuancierter, glänzender Boden sämtliche Farben des Raumes widerspiegelt.

Behandeltes Holz – ja oder nein?

Sowohl Parkettböden mit Schutzlack als auch antike, geölte Parkettböden lassen sich mit einem feuchten Tuch ebenso gut reinigen wie Thermoholz, das durch Wärmebehandlung und gänzlich ohne den Zusatz von Chemikalien eine unglaubliche Widerstandsfähigkeit erreicht. Aus wirtschaftlichen und umweltfreundlichen Gründen greift man eher zu dem Holz heimischer statt exotischer Baumarten. Geölte Parkettböden aus Buche, Esche oder Pinie strahlen ein hohes Maß an Eleganz aus – sogar in Bädern.

◀ **Rollentausch: Holz ziert die Decke und mildert somit alle Grautöne des Lesezimmers.**

Noch mehr Charme

▶ Wenn Sie den Wandpaneelen noch mehr natürliche Unregelmäßigkeit verleihen wollen, besorgen Sie sich mehrere ungenau bearbeitete Holzplatten (im Set erhältlich). Ihre unterschiedlichen Längen und Kanten haben unregelmäßige Spaltmaße an der Wand zur Folge.

▶ Bauplatten, lediglich mit Schiffslack behandelt, eignen sich wegen ihrer Größe ideal als Wandpaneele.

▶ Wenn man unbehandelte Holzpaneele regelmäßig reinigt, behalten sie ihre helle Farbe auch über Jahre hinweg, weshalb sie in Verbindung mit Möbeln aus Stahl – gelackt, matt oder oxidiert – eine besonders gute Figur machen.

▲ Holzpaneele sind leicht und schnell anzubringen, und ihre Holzstruktur bietet einen Gegenpol zu den harten Zügen des Metalls.

Arbeiten mit Backsteinen

Nackter Stein

Die Vorliebe für Backsteine als architektonischer Baustoff ist überall zu erkennen. Backsteine existieren seit über fünf Jahrtausenden und zeichnen sich durch Ausdrucksstärke und hohe Umweltfreundlichkeit aus, da sie sehr wärmeisolierend sind. Was ihren dekorativen Charakter betrifft, dienten sie meist als Untergrund für Gips oder Verputz. Durch den Einzug des Loft-Stils wurde nun auch dieser Baustoff neu entdeckt, denn Backsteine zierten Industriefassaden und Werkstätten. Heutzutage kommen Backsteine meist ohne zusätzliche Dämmstoffe aus und verleihen dem Raum ein elegantes und zeitgenössisches Großstadtflair.

◄ ▼ Ob kleine oder große Steine – ihr traditioneller Charme harmoniert bestens mit den eher harten Zügen des Industriedesigns.

► Ein künstlerisches Extrem: Die rudimentäre Optik der Mauer passt zur schroffen Ausstrahlung der Hocker aus Stahl.

Behaglichkeit in den unterschiedlichsten Formen

Die Bandbreite von Steinen umfasst Farben, Größen und Oberflächen. Ob maschinell oder von Hand gefertigt: Es gibt Steine in den unterschiedlichsten Strukturen und Farben, vom reinsten Weiß bis zum dichtesten Schwarz, einfarbig oder nuanciert. Die natürliche Farbe des Steins ist von der Qualität des Tons, des verwendeten Sandes und der Dauer des Brennvorgangs abhängig. Wählen Sie zwischen Beige, Honigfarben, Karamellfarben oder Ocker bis zu leuchtenden Rottönen. Durch die große Auswahl unterschiedlicher Größen bleiben keine Wünsche offen – ob Sie nun die nostalgische Wirkung der kleinen rötlichen Backsteine bevorzugen, wie sie früher für Industriefassaden verwendet wurden, oder überdimensionale Steine mit einer Länge von bis zu 60 cm. Auch als Bodenbelag im Außenbereich sind Backsteine bestens geeignet, da sie widerstandsfähig und leicht zu verlegen sind.

► Bei der Freilegung einer Mauer stießen die Besitzer dieses alten Industriegebäudes auf ein einzigartiges Mauerwerk, das teilweise mit Backsteinen vervollständigt wurde.

Betonhohlblöcke in Szene setzen

► Weiß gestrichen wirken Betonhohlblöcke sehr neutral und harmonieren hervorragend mit Holz, Glas oder Metall.

► Durch Einfärbung strahlt der Hohlblock Behaglichkeit aus, ohne die rudimentären Züge seiner Beschaffenheit zu verdecken.

Arbeiten mit Glas

Vielseitiger Einsatz

Früher galt Glas als selten und zerbrechlich. Heutzutage ist es ein unabdingbarer Baustoff in der industriellen Architektur, die nach möglichst viel Raum und Helligkeit strebt. Neuartige Verglasungen verteilen das Licht gleichmäßiger, und verschiedene Stärken führen zu unterschiedlicher Transparenz. Neben ihrer Eignung für Bedachungen oder Verandas verfügen sie darüber hinaus über eine bessere Wärmedämmung sowie eine erhöhte Licht- und Wärmereflexion. Wo Glas eingesetzt wird, verleiht es der Umgebung eine gewisse Leichtigkeit – sei es bei verglasten Türen, durchsichtigen Geländern, rutschfesten Treppenstufen sowie Glasfronten bei Küchenschränken und -anrichten.

Ob gefärbt oder matt geschliffen: Glas eignet sich auch als Raumteiler oder als künstliche Decke, um das Licht zu dämpfen oder zu verstärken und auf diese Weise aufregende Akzente zu setzen. Strategisch angeordnet können Glasplatten dunkle Bereiche erhellen und Sichtbereiche erweitern.

▼ Das gläserne Geländer verleiht diesem kleinen Raum im Zwischengeschoss mehr Größe und Helligkeit.

Die Magie von Kunststoff

Kunststoff steht für die Moderne und ist als einer der jüngsten industriellen Baustoffe nicht zu unterschätzen! Ausgeschnitten, ausgesägt, durchbohrt, vernagelt, verschraubt: Kunststoff ist einfach zu verarbeiten. Er ist leicht, unverwüstlich und widerstandsfähig. Weich oder starr kann Kunststoff oftmals Glas ersetzen. Heutzutage gibt es viele Hersteller leistungsstarker, durchsichtiger oder farbiger Kunstoffe, so auch das günstige Polycarbonat oder das teurere Corean®, die sich nahezu überall einsetzen lassen: für Trennwände und Schiebetüren, als Verkleidung, Arbeitsplatten, Geländer, aber auch für Gebrauchsmöbel!

▲ Robust, lichtdurchlässig und auffallend – diese Kunststoffverglasungen aus Polycarbonat eignen sich bestens als Trennwand!

► Mit Glasbausteinen lassen sich verblüffende Einrichtungsgegenstände erstellen, etwa diese Theke, die zugleich als lichtdurchlässige Trennwand zwischen Küche und Wohnraum dient.

Für noch mehr Transparenz

► Die Verwendung von Glasbausteinen als Fensterersatz im Erdgeschoss schützt vor Kälte, Lärm und allzu neugierigen Blicken.

► Wenn man Glasbausteine weit oben an der Wand anbringt, fällt mehr Tageslicht ein und leuchtet die Decke auf natürliche Weise aus.

► Tischplatten aus Glas sind echte Hingucker.

Farben und Lacke

Der richtige Farbton

Primärfarben aus dem industriellen Bereich sind unumstritten Weiß und Schwarz, doch setzen sich nach und nach auch bunte Farben im Industriedesign durch. Ob retro, barock oder futuristisch – die Entscheidung liegt bei Ihnen! Doch bevor Sie sich für einen Stil entscheiden, sollten Sie die natürliche Ausleuchtung ihrer Räumlichkeiten beachten.

Vielseitiges Weiß

Weiß ist ruhig und unschuldig zugleich und kann jeglichen Kontrast zur Geltung zu bringen. In Verbindung mit Licht wirkt Weiß in jedem Raum vergrößernd. Silberweiß, spanisches Weiß, Titanweiß, Kremserweiß, Zinkweiß, Kreideweiß – obwohl Weiß eine einheitliche Farbe ist, kann sie dennoch durch verschiedene Transparenzen variiert werden. Ob Möbel, Holzverkleidungen oder unterschiedliche, vielleicht sogar gravierte Verglasungen – die magische Ausstrahlung der Farbe Weiß setzt alles gekonnt in Szene.

▼ Weiß wirkt vergrößernd, hell und harmoniert perfekt mit den wenigen, aber auffallenden Farbakzenten der bunten Stühle.

Schwarze Akzente

Der Loft-Stil beweist es: Schwarz lässt sich in allen Variationen (Schiefer, Granit, Karbon) aufgrund des zeitlosen Charakters problemlos mit weißem Untergrund, hellem Holz und lackiertem Stahl verbinden.
Mattes Schwarz wirkt besonders ästhetisch bei Fensterrahmen, Rohrleitungen und Heizkörpern. Auch lackierte Wandverkleidungen aus Ebenholz – und seien sie noch so unspektakulär – macht diese zum Blickfang. Rote Farbakzente, Teppiche mit runden Mustern, prunkvolle Kissen, barocke Antiquitäten und ungewöhnliche Objekte sorgen für einen individuellen und ausdrucksstarken Charakter.

Graue Akzente

Die Schlichtheit neutraler Grautöne ist der Schlüssel zu einer friedlichen Atmosphäre in Ihrer Räumlichkeit. Gleich welchen Grauton Sie wählen (Mausgrau, Taubengrau, Schiefergrau, Bleigrau, Anthrazit, Silber), ob matt oder glänzend, behandelt oder nicht – Grau integriert sich hervorragend in die Farbwelt Ihrer Wohnung! Elegant, dezent und unschuldig zugleich, harmoniert Grau mit allen im Raum vorhandenen Formen und Texturen und bringt kräftigere Farben noch mehr zur Geltung. Vermischen Sie eine Prise Grau mit Grün, Blau, Violett oder Rosa, um ihrer Farbe einen zeitlosen Charakter zu verleihen.

Ausdrucksstarke Farben

Sie haben eine triste Küchenecke oder ein langweiliges Arbeitszimmer? Dann fehlt es an Farbe! Ein Neuanstrich kann diesen Bereichen neues Leben einhauchen und auch mehr Übersicht verschaffen. So lassen sich beispielsweise ein zartes Braun oder ein kräftiges Rot elegant mit industriellen Einrichtungsobjekten verbinden. Frühlingsfarben wirken aufheiternd in Verbindung mit Fußböden aus Beton oder zweifarbigen Holzlatten, aber auch mit den Fronten des Wandschranks; ein fliederfarbenes, auf die Wand gemaltes Rechteck kann auf raffinierte Weise beim Bett ein Kopfstück ersetzen. Sie haben sich für kräftige Farben entschieden? Dann stimmen Sie diese auf die Farbe eines Teppichs oder eines Kissens ab.

MINIMALISTISCH UND WELTLICH – NATÜRLICHE UND MATTE FARBEN

Moosgrau | Schilfgrün | Khakigrau

Granitgrau | Schokoladenbraun | Blassbraun

DYNAMISCH – PROFESSIONELLE FARBEN

Azurblau | Ozeanblau | Resedagrün

Moosgrün | Weißgrün | Tannengrün

Feuerrot | Schwarzblau

◀ Der dunkelgraue Farbton der Wand mildert – je nach Lichteinfall – die harten Kontraste der verschiedenen Einrichtungsobjekte.

▲ Ein ausrangiertes Möbelstück wurde zu einer witzigen Kommode auf Rollen umfunktioniert.

Nebeneffekte

Metallic- und Perlmuttfarben verleihen Wänden, Böden und Wandverkleidungen einen ganz besonderen Effekt. Verabschieden Sie sich jedoch von unechtem Marmor oder Holz, von allzu groben Beschichtungen oder sonstigen optischen Täuschungsversuchen! Spielen sie lieber mit der Wirkung Ihrer Objekte und Möbel, denn im Industriedesign ist das Unechte selten das Richtige. Der bloße Effekt wird niemals eine Struktur ersetzen! Sollten Ihnen Ihre Wände zu glatt und eintönig erscheinen, hauchen Sie ihnen durch farbigen Putz neues Leben ein und achten Sie dabei bewusst nicht auf präzise Kanten.

RETRO- UND KLASSISCHE FARBEN

Weinrot

Signalgelb

Anthrazit

Farngrün

Lichtgrau

Telegrau

Laubgrün

Platingrau

Zinkgelb

Eisengrau

VERSPIELTE UND GRELLE FARBEN

Tomatenrot

Himbeerrot

Schwarzrot

Rapsgelb

Orange

Maigrün

VERFÜHRERISCHE UND ZARTE FARBEN

Beigerot

Grünbeige

Eierschale

Hellelfenbein

Oberflächenbehandlung

Die Materialien achten

Hin und wieder ist es notwendig, die Oberflächen der umfunktionierten Materialien aus dem Industriegewerbe zu behandeln – sei es mit farblosem, gefärbtem, mattem oder hochglänzendem Lack. Schlichte Nuancen verleihen Charme und der industriellen Einrichtung die nötige Wärme und Behaglichkeit. Der erste Schritt besteht darin, den Rohbau zu inspizieren, um Entscheidungen über eine geeignete Einrichtung treffen zu können. Greifen Sie dabei stets zu den einfachsten und ergiebigsten Lösungen.

Vorbereitungen mit Kalk

Kalk wurde früher oft bei der Sanierung industrieller Räume verwendet, eignet sich aber auch zur Verkleidung von Backsteinmauern. Weißer Kalk reflektiert einfallendes Licht, er kann aber auch nach Belieben mit Pigmenten gefärbt werden. Weiterhin kann Kalk mithilfe von Leinen- oder Hanfpartikeln angedickt werden. In Küchen und Bädern verhindert er die Schimmelbildung und kann, wenn er vorbehandelt ist, einfach abgewaschen werden – in diesem Fall können jedoch die Wände nicht mehr atmen. Kalk ist ein elastischer, geschmeidiger und feuerbeständiger Verputz, der zugleich langlebig ist und auch im Laufe der Zeit keine Risse aufweist. Wichtig: Die Kalksubstanz darf nur auf porösen und vorher gereinigten Oberflächen angewendet werden, andernfalls muss die Oberfläche gereinigt werden, damit sie die Kalklösung aufnehmen kann. Alternativ kann auch ein klebendes Bindemittel verwendet werden, um eine optimale Haftung auf blanken Betonwänden zu gewährleisten.

Die Leichtigkeit der Lasuren

Ob transparent oder gefärbt, Lasuren schützen und werten den jeweiligen Baustoff auf, ohne ihn zu verfälschen. Man verwendet eine Lösung auf Wasserbasis, die sowohl Holz schön einfärbt als auch die natürliche Ästhetik des Betons wahrt. Zum Einfärben von Parkettböden arbeitet man mit mehreren Lasurschichten, um das Parkett stückweise zu färben, ohne dabei seine Struktur zu verdecken, die ihm seinen Charme verleiht.

► Kalkverputz, Farbe und Lack präsentieren sich in unterschiedlichen Farbabstufungen und verstärken die natürlichen Farbtöne der Materialien.

Die richtige Anwendung

► Matte Farben und Lacke wirken dezent, ohne die Oberflächenstruktur des Baustoffs zu verfälschen.

► Farben für Industrieböden sind stark deckend und eignen sich hervorragend dazu, einen beschädigten oder minderwertigen Parkettboden aufzubessern.

► Die Verwendung poröser Oberflächen ist ratsam, damit die Materialien atmen können.

Marilyn
Écrivains

Kunstharze und Fliesen

Kunstharze

Verschiedene Zusammensetzungen aus Epoxidharzen und Polyurethan haben sich über Jahrzehnte hinweg als Schutzlegierung für Fußböden von Lagerräumen bewährt! Diese Harze sind leicht anzuwenden, und dank ihrer erstaunlichen Widerstandsfähigkeit halten sie den täglichen Belastungen in Lagerhäusern oder Turnhallen mühelos stand. Sie wirken zart und glänzend und sind in einer Vielzahl unterschiedlicher Farben erhältlich. Kunstharz lässt sich problemlos von einem Spezialisten für Industrieböden auf alle Fußböden Ihres Hauses aufbringen.

Traditionelle Fliesen

Fliesen sind weiß oder bunt und für eine großflächige Verlegung gedacht. Fliesen sind im Retro-Design rot, grün oder blau oder ganz nach dem Stil einer Pariser U-Bahn-Station schwarz und weiß. Weiterhin eignen sie sich bestens für Küchenböden und sind auch mit rutschfester Oberfläche erhältlich.

► Die Effekte dieser italienischen Mosaikfliesen verleihen diesem Bad aus Beton und Metall einen glamourösen Touch.

◄ Die großen Platten aus Feinsteinzeug an der Wand vergrößern das kleine Bad und verleihen ihm durch ihren Glanz einen metallischen Effekt.

Moderne Keramikfliesen

Dunkle, überdimensionierte Fliesen mit darauf abgestimmten Fugen verleihen dem Raum einen Hauch von Luxus und Komfort. Mit ihren metallischen Effekten sind Feinsteinzeugfliesen wahre Blickfänger in Küche und Bad. Den Boden zieren massive schwarze Granit- oder Kieselsteinplatten, doch sollten Sie den Boden wegen des hohen Gewichts der Platten entsprechend vorbehandeln. Geheimnisvoll anmutende, schwarze oder oxidierte Schieferplatten harmonieren mit Zink und hellem Holz.

▲ **Schwarz und Weiß: Modernes Flair entsteht in einem renovierten Bad durch kleine Glasfliesen.**

Vielseitige Fliesen

Ästhetisch und einfach anzubringen: Fliesen sind ein unabdingbarer und dekorativer Belag, der gerade in den letzten Jahren große Entwicklungsfortschritte verzeichnen konnte.
Durchsichtige Glasfliesen, ob eingraviert oder metallisiert, haben eine verblüffende ungleichmäßige Ausstrahlung. Fliesen aus Calciumcarbonat und Harz sind leichter, geräuscharmer, widerstandsfähiger und wärmedämmender als herkömmliche Keramikfliesen. Bodenplatten aus recyceltem PVC lassen sich einfach aneinanderfügen, sind leicht zu verlegen und wieder zu entfernen und können mehrere Umzüge mitmachen!

MONTANA

RAUM SCHAFFEN

Räume optimieren

Perspektiven erweitern

Wie beim Loft besteht der erste Schritt darin, den Raum freizulegen, um so einen Blick durch die gesamte Wohnung zu ermöglichen. Verabschieden Sie sich also von verschlossenen Küchenräumen und einfachen Durchgängen – jeder Quadratmeter soll Ihnen jetzt zur Verfügung stehen. Gehen Sie taktisch vor: Machen Sie den Raum mit dem größten natürlichen Lichteinfall zu dem Zimmer, in dem Sie tagsüber die meiste Zeit verbringen, und die abgelegeneren Winkel zu den gemütlicheren und diskreteren Räumen. Planen Sie in nicht direkt ersichtlichen Bereichen einen Abstellraum für Lebensmittel usw. ein. Durch Zusammenrücken der Möbel wird mehr freie Bodenfläche geschaffen, die Sie nach Belieben nutzen können. Setzen Sie spielerisch Aspekte ein, um dem Raum noch mehr Größe zu verleihen, z. B. durch geschickt angeordnete Spiegel, übergroße Durchbrüche oder durch Weiterführung des Bodenbelags über den Raum hinaus.

▼ Wenig Möbel und mehrere kleine Raumteiler – hier wurde der Raum möglichst offen und übersichtlich sowie mit Blick nach außen gestaltet.

▲ Eine halbhohe Wand dient als Geländer und gewährt gleichzeitig Aussicht auf das Wohnzimmer.

Öffnungen

Licht gezielt einfangen

Viele alte Fabriken waren mit verglasten Dächern versehen, um möglichst viel natürliches Licht einzufangen. Holen Sie sich das Sonnenlicht auf diese Weise auch in Ihre eigenen vier Wände, vollkommen geschützt vor Blicken von draußen. Der Lichteinfall lässt die Wohnung größer und gemütlicher erscheinen. Durch die Verwendung von Stahl, der erheblich weniger leitend ist als Aluminium, sind maßgeschneiderte raffinierte und elegante Rahmenkonstruktionen möglich. Planen Sie langfristig und beziehen Sie einen fachkundigen Schlosser ein.

▲ Für noch mehr Lichteinfall wurden die Fenster dieser alten Molkerei nach oben hin erweitert.

◄ Die hölzernen Klappläden reflektieren das durch die Fenster einfallende Licht.

▲ Diese Wandverglasung – wie man sie aus Werkstätten kennt – bewirkt eine optimale Ausleuchtung des Wohnraums.

Türen und Trennwände

Es gibt Momente, in denen man sich zurückziehen und ungestört für sich sein möchte. Trennwände – ob fest installiert, verschiebbar, durchsichtig oder durchbrechend – gibt es in diversen Ausführungen. Sie können das Licht dämpfen und die Wirkung des Raumes beeinflussen. Partielle Wanddurchbrüche bieten mehr Ausblick und können gleichzeitig bestimmte Winkel verdecken.

◄ Diese verglaste Trennwand mit Rollos schützt das Kinderzimmer vor Lärm und fremden Blicken.

► Diese Haustür aus Stahl wirkt imposant und robust, nicht zuletzt wegen der beachtlichen Bücherregale, in die sie eingebaut ist.

Privatsphäre schaffen – mit Licht

► Coupée: mit halbhohen Trennwänden, z. B. zur Abgrenzung eines TV-Bereichs.

► Künstlerisch: mit einem Foto oder einem Gemälde, das auf Leinwand gedruckt wurde.

► Exotisch: mit Bambusstäben oder riesigen Sonnenblumen.

► Südländisch: mit einem Vorhang aus mehrfarbigen, einlaminierten Streifen.

► Recycling: mit einem Vorhang aus Kunststoffdeckeln oder einem Tarnnetz.

► Retro: mit einem faltbaren Paravent.

► Textil: mit einem Vorhang aus Stoff. Die Dicke können Sie den Lichtverhältnissen der jeweiligen Jahreszeit anpassen.

Magische Türen

Entscheiden Sie sich für praktische und dezente Türen wie Schiebetüren, die mit den Trennwänden verschmelzen. Als Haustür eignet sich eine schwere massive Stahltür, die ein Gefühl von Sicherheit verleiht. Setzen Sie ein paar optische Effekte ein und verkleiden Sie die Tür mit einem Vorhang, wie Sie ihn auch für die Fenster verwenden. Verleihen Sie auch der Rückseite der Tür Charakter, z. B. mit Magnetfarbe oder einem zweifarbigen Anstrich. Oder erzeugen Sie Kontraste, indem Sie Holztüren mit üppigen Schnitzereien in Ihre industriell angehauchte Wohnung aus Metall und Beton integrieren.

Das richtige Wohnklima schaffen

Rund um den Kamin

Holzöfen sind umweltfreundlich und natürlich und wurden schnell zum Bestandteil des Industriedesigns. Rauch und Ruß gehören nun der Vergangenheit an! Heutzutage sind sowohl Kamine viel wirtschaftlicher als früher und kommen gleichermaßen in der Berufswelt und im Privathaushalt zur Anwendung. Der Kamineinsatz aus Metall ist sicher, leistungsfähig und vor allem in nordischen Ländern beliebt. Er nimmt wenig Platz ein und lässt sich problemlos in einen vorhandenen Kamin einbauen. Ob Holzofen, Steinofen, Pelletofen oder Holzofen als Zentralheizung, ob Sie nur kurzzeitig oder durchgehend heizen wollen – mehr und mehr werden die großen unschönen Heizöltanks durch dekorative Brennholzstapel ersetzt!

◄ Gelungenes Zusammenspiel: Diese ehemalige Schmiede wurde in ein zeitgemäßes Wohnzimmer verwandelt und harmoniert mit dem imposanten Rauchfang, der übernommen wurde.

▼ Dieser Ofen aus Gusseisen im skandinavischen Stil erstrahlt in neuem Glanz.

Heizkörper

Flachheizkörper, wie sie auch in der Industrie verwendet werden, sind für die Beheizung großer Räume gut geeignet und wirken an der Wand sehr dezent. Heizkörper aus Gusseisen sind massiv und zuverlässig! Ob aus gebürstetem Stahl und lackiert, geschliffen oder mit floralen Mustern – zum richtigen Blickfang werden diese Heizkörper, wenn sie zudem mit imposanten Rohren verbunden werden. Einige Heizkörper können heutzutage per Fernbedienung eingestellt werden und sind multifunktionell, z. B. Badheizkörper, die gleichzeitig als Handtuchhalter fungieren und nach dem Bad für angenehme Wärme sorgen. Heizkörper sind ästhetisch, dezent und leistungsfähig zugleich, insbesondere in Verbindung mit großen extraflachen Stahlplatten als Wandverkleidung.

▲ ► Diese Heizkörper im Retro-Design können sich sehen lassen! Ob als Geländer oder Handtuchwärmer, manche verblüffende Konstruktionen vereinen sogar mehrere Funktionen!

Wo findet man was?

► Bei Sammlern finden Sie ausrangierte industrielle Modelle.

► In Baumärkten finden Sie zeitgenössische Modelle.

► In einschlägigen Fachgeschäften finden Sie die größte Auswahl an zukunftsorientierten Modellen.

NÜTZLICHE UND ÄSTHETISCHE OBJEKTE

Der Charme der Ruhe

Arbeitsmöbel

Spinde, Postregale, Apothekerschränke, Laden- oder Wäschetische – diese Möbel sind praktisch und raffiniert. Sie wurden für die Erfüllung entsprechender Aufgaben in der Berufswelt gebaut. Die robusten Möbelstücke wurden früher, wie das Handwerk selbst, von Generation zu Generation weitergegeben. Mit dem Untergang der kleinen Werkstätten und Geschäfte durch die moderne Massenproduktion wurden diese Möbel und Accessoires ausrangiert – sehr zur Freude der Sammler. Ob Sie diese Möbel original mit ihren Alterserscheinungen übernommen oder künstlerisch aufgewertet haben, sie bringen heute einen Hauch Poesie und Originalität sowie den gewissen individuellen Touch in die eigenen vier Wände. Diese Möbelstücke werden schnell nicht mehr aus dem eigenen Heim wegzudenken sein! Wenn Sie die Ästhetik von Holz schätzen, werden Ihnen die historischen, benutzerfreundlichen Ladenregale und Apothekerschränke mit ihren kleinen Schubladen viel Freude bereiten. Ihr Mobiliar aus Metall harmoniert sehr gut mit dem modernistischen Stil der 1930er- bis 1950er-Jahre.

◄ **Diese alte Werkbank wurde unverändert übernommen und bietet nun viel Stauraum und Platz für die Stereoanlage.**

Dies sollten Sie beachten

► Sollten Sie ein Möbelstück aufbereiten lassen wollen, kann dies je nach Zustand und Zielsetzung sehr teuer werden.

► Einige Arbeitsmöbel sind sehr groß und machen auch nur in entsprechend großen Räumen eine gute Figur.

► Arbeitsmöbel sind in der Regel schwer und unhandlich. Beim Verschieben können sie einen empfindlichen Boden schnell beschädigen.

▲ Als Vorreiter modernen Designs und mit avantgardistischen Zügen wirkt dieses schlichte industrielle Möbelstück nach wie vor antik.

Grundfunktion erhalten oder umfunktionieren?

Ein Hackblock wie beim Metzger und der Ladentisch eines Lebensmittelhändlers schaffen einen idealen Arbeitsbereich in Ihrer Küche. Im Wohn- oder Arbeitszimmer werden Bankschalter, ein Drucktisch, ein Barbier- bzw. Zahnarztstuhl oder Klappsitze aus dem Film- und Theaterbereich zu echten Blickfängen. Stühle aus dem Industriegewerbe mit runden Rückenlehnen und höhenverstellbare Hocker, wie man sie vom Zahnarzt kennt, verleihen dem Raum einige Rundungen. Bei Aktenschränken finden Sie dank der Schilder mühelos, wonach Sie suchen: Kleidung und Spielzeug im Wohnbereich, Kosmetikartikel und Medikamente (die Sie außer der Reichweite von Kindern in den oberen Schubladen verstauen sollten) im Bad und Lebensmittel in der Küche.

◄ ▲ Gleich wie alt die Möbelstücke sind und welchem Zweck sie einst dienten, eignen sich Sammlerobjekte am besten zum Stilbruch. In diesen Fällen ist das Spielen mit verschiedenen Stilen sogar erwünscht!

Die drei Goldenen Regeln von Caroline Giraud*

► Ob original belassen oder aufgewertet, die Möbel sollten antik sein.

► Kombinieren Sie schwere und harte Materialien (Metall, Beton, Holz) mit leichten und filigranen (Glas, Papier, Pflanzen).

► Erwägen Sie einen zweifarbigen Anstrich bei der Aufwertung Ihrer Sammlerstücke.

* Gründerin von „Carouche", einer Pariser Boutique für Ausstattungen aus dem Industriebereich.

▲ Durch seine zahlreichen Fächer ist dieses alte Postregal aus gelochten Blechen vielseitig einsetzbar, sei es als Bücherregal, Schuhschrank, für Geschirr oder auch in einem Nähzimmer.

Das neue Industriemobiliar

Schulmöbel

Erleben Sie das unvergleichliche Flair alter Schul- und Ferienlagermöbel! Schulbänke und -stühle, alte Spinde aus den Umkleidekabinen, Hocker aus Schustereien, industrielle Spülbecken und Wasserhähne, Mehrzweckhaken und vieles mehr finden Sie z. B. bei Hotelausstattern. Auch Gartenmöbel können innerhalb der eigenen vier Wände geschickt zum Einsatz kommen!

◄ **Solide Kanten, massive Konturen und perfekt verarbeitet – das Mobiliar im Industriedesign bevorzugt unbearbeitete oder wiederverwendete Materialien.**

Das sollten Sie beachten!

► Heutzutage werden viele neue Möbelstücke angeboten, die sich an antike Händlermöbel anlehnen. So wurden z. B. Tresen und Barhocker aus Kneipen, Regale von Kurzwarenhändlern oder Hackblöcke vom Metzger zu wahren Klassikern der Einrichtungsgegenstände.

► Als Alternative können Sie Möbelstücke, die Ihnen im Originalzustand nicht ganz zusagen, auch problemlos überstreichen, mit neuen Griffen versehen oder die Ablageflächen mit Metallplatten verzieren.

Neu erfunden

Sie suchen eine große Anrichte aus genietetem Metall? Einen Spiegel, der den Glaswänden alter Werkstätten nachempfunden ist? Einen Tisch aus Nutzholz? Dann entscheiden Sie sich für wiederverwertete Materialien. Das Industriedesign erfindet sich heutzutage mit Leidenschaft und Eleganz neu. Aus wiederverwertbarem Material werden gut durchdachte Möbelstücke hergestellt. Von spezialisierten Antiquitätenhändlern ausgedacht und von begabten Handwerkern angefertigt, haben diese Objekte trotz steigender Nachfrage immer noch ein attraktives Preis-Leistungs-Verhältnis. Das Werkstattmobiliar aus alten Zeiten inspiriert ebenfalls die großen Möbel- und Einrichtungsunternehmen. Dort findet man z. B. Möbel aus Metall zu angemessenen Preisen.

► Oxidiertes Metall und Recyclingholz: Dieser schroff anmutende Couchtisch harmoniert gut mit den antiken Möbelstücken.

▼ Dieser Sessel aus gefaltetem Blech wurde auf große Rollen gesetzt, wie man sie von Rollcontainern aus der Industrie kennt.

Professionelle Beleuchtung

Professionelle Leuchten

Industrielle Leuchten und Lampen sind ausziehbar, schwenkbar, verstellbar, schön und robust, aber vor allem einfallsreich und nicht mehr wegzudenken. Lackierte Lampenschirme, Gelenkleuchten, Leuchten mit Gegengewicht, ob verschraubt, mit Fuß oder auf Rollen: Die Lampen von namenhaften Designern haben die Hersteller industrieller Beleuchtungen sehr inspiriert. Einige Hersteller bringen sogar wieder große Standleuchten im Scheinwerfer-Look auf den Markt, lediglich in aktuellen Farben gehalten. Das Gleiche gilt für die berühmte Jielde-Leuchte mit ihrem charakteristischen Gelenkarm, die ein Unternehmer während der Einrichtung seiner Fabrik entwarf. Stativleuchten, Grubenlampen und Filmscheinwerfer, aber auch Lampen aus Fotostudios werden zu Blickfängen in Ihrer Wohnung. Auf Trödelmärkten können Sie etwa die nötigen Gelenkarme für eine individuelle Lampe finden, die sich dann mit einem alten Autoscheinwerfer komplettieren lässt.

Die richtige Ausleuchtung

Die Einrichtung und deren Ausleuchtung beeinflussen unsere Wahrnehmung. Kombinieren Sie direktes und indirektes Licht, Farben sowie Größe und Intensität der Lampen, um den schroffen Charakter der industriellen Einrichtung etwas zu lindern. Achten Sie auch auf die Jahreszeit. Im Winter, wenn die Lichtverhältnisse am schlechtesten sind, werden Sie auf eine ausreichende Beleuchtung Ihrer Räumlichkeiten angewiesen sein. Greifen Sie zu verstellbaren Leuchten (höhenverstellbar, schwenkbar), damit Sie sie auf den jeweiligen Gebrauch abstimmen können.

◄ Die Dimmfunktion professioneller Leuchten ist sowohl praktisch als auch effektvoll, wie bei dieser OP-Lampe, die auch die letzten Winkel erhellt.

▲ Eine „Wolke“ aus mehreren weißen Papierlampen taucht den Raum in ein dezentes Licht und wirkt auflockernd gegenüber dem massiven Tisch aus Holzsparren und recyceltem Stahl.

Gelenkleuchten

Ob beim Kochen, Basteln, Nähen oder Zeichnen – um eine Überanstrengung der Augen zu vermeiden, verwendet man eine gezielte Ausleuchtung, die auch die letzten Schatten verdrängt. Schreibtischlampen aus Architekturbüros, Baustrahler aus Werkstätten oder große Untersuchungslampen aus dem chirurgischen Bereich leuchten den Arbeitsplatz präzise und ausreichend aus. Über einem gemütlichen Sessel sorgt eine Stehlampe mit Gegengewicht für ausreichend Licht zum Lesen. Sparfüchse finden diese Lampen beim Schreibwarenhändler.

► Als fester Bestandteil des Industriedesigns wirken die großen und kleinen Pendelleuchten, noch beeindruckender, wenn Sie sie nebeneinander aufhängen.

Pendelleuchten

Massive und imposante Pendelleuchten mit ihren großen Schirmen aus Glas oder lackiertem Metall benötigen sowohl eine ausreichende Höhe als auch eine verstärkte Vorrichtung zum Aufhängen. Über dem Esstisch empfiehlt sich eine höhenverstellbare Pendelleuchte. So kann diese beim Essen zwecks besserer allgemeiner Ausleuchtung hoch- und für eine gezieltere punktuelle Beleuchtung heruntergezogen werden. Um die Lichtintensität zu verändern, wählen Sie Lampen mit Dimmfunktion. Sie können auch überdimensionierte Lampen und Glühbirnen aufhängen, die wie imposante Wassertropfen von der Decke baumeln.

◄ Die Gelenkleuchte „Loft“, die ein Ingenieur für eigene Zwecke entwarf, erfreut sich seit 1950 zunehmender Beliebtheit.

Wandleuchten

Dachrinnen aus Zink oder Kupfer, die Sie unregelmäßig durchlöchern, wirken als schmale Wandleuchten robust und dekorativ zugleich. Sie strahlen ein zartes indirektes Licht aus, was sie für Zimmer oder den TV-Bereich bestens eignet. Kleine Industrieleuchten lassen sich mithilfe ihres schwenkbaren Arms verstellen, um so die Ausleuchtung anzupassen. Über der Arbeitsplatte in der Küche eignet sich eine Lampe mit herausziehbarem Teleskoparm.

► Ein Beispiel einfallsreicher Umfunktionierung alter verzinkter Dachrinnen, in die ein Sternenmuster geschnitten wurde.

▼ ► Ein länglicher Korb aus gelochtem Blech erfüllt fabelhaft seine neue Funktion als Wandleuchte, während in der Küche ein barocker Kronleuchter zum Blickfang wird.

Industrielle Objekte

Recycling und Umfunktionierung

Als Vorreiter der Umfunktionierung ausrangierter Objekte werden beim Industriedesign vorzugsweise charmante Fundstücke von Trödelmärkten verwendet, die man dann in einer untypischen und einzigartigen Einrichtung zu neuem Leben erweckt. Spielerisch und kitschig zugleich harmonisieren diese zerbrechlichen oder unproportionierten Objekte auf ästhetische Weise mit den harten Zügen des Industriedesigns …

Wandbuchstaben

Buchstaben aus Metall, wie sie die Fassaden alter Geschäfte zierten, aber auch nostalgische Druckstempel aus Holz – Überbleibsel eines längst vergessenen Handwerks –, machen sowohl an den Wänden als auch auf dem Boden eine gute Figur. Ein Metallschild oder ein mit Schablonen gemaltes Wort an der Wand signalisieren die Funktion des jeweiligen Wohnbereichs, z. B. Restaurant, Werkstatt, Café, Bibliothek usw.

◄ Stapelbar und handlich – Werkstattkisten aus Metall bieten viel Stauraum und lassen sich überall unterbringen.

Die drei Goldenen Regeln von Frédéric Daniel*

- ► Kombinieren Sie industrielle Antiquitäten mit stilvollen Möbeln.
- ► Jedes Objekt in Ihrer Wohnung sollte eine emotionale Bedeutung für Sie haben.
- ► Zeigen Sie Interesse an ausgefallenen, spektakulären und anrührenden Objekten.

* Inhaber des Antiquitätengeschäfts „ZUT!" in Paris

▲ Mit alten Buchstaben zaubern Sie ganz nach Geschmack Wörter und Slogans an die Wände!

◄ **Nostalgische Bahnhofsuhren sind Relikte einer vergangenen Zeit.**

Ethnische Objekte

Masken und Statuen aus Holz, volkstümliche Ornamente, traditionelle Musikinstrumente, Festlaternen oder Türen mit Holzschnitzereien – sie alle sind Beweisstücke überlieferten Kunsthandwerks und wecken die Reiselust.

Uhren

Drehen Sie die Zeit zurück und holen Sie sich die großen runden Schönheiten, wie man sie auch von alten Bahnhöfen kennt, in die eigenen vier Wände. Diese überdimensionalen Uhren funktionieren immer noch tadellos. Manchmal ziert sie noch der Name des Herkunftsorts, wo sie einst ihren Dienst verrichteten.

Gastronomiegeschirr

Bringen Sie das Flair alter Gaststätten in Ihre Küche. Karaffen, Teller, Tassen und Untertassen mit Werbeaufschrift werden zu Sammlerobjekten. Große Aschenbecher aus Keramik kommen wieder zum Einsatz, um ihre neue Funktion als Tischmülltonne für Olivenkerne oder Zahnstocher zu erfüllen.

Zeitgenössisches Industriedesign

► Vergessen Sie nicht die Objekte der Moderne! Industriedesign ist eine Inspiration für die Hersteller neuer Designerobjekte.

► Diese schönen und zugleich praktischen Alltagsgegenstände gibt es meist nur in begrenzter Stückzahl, sind jedoch zu erschwinglichen Preisen bei entsprechenden Kunsthändlern zu erwerben.

Fremdartige Objekte

Sinnlich, mysteriös und leicht beunruhigend – nach Themen geordnet finden die fremdartigen Objekte ihren Platz in alten Medizinregalen. Manche Antiquitätenhändler sind darauf spezialisiert, aber halten Sie doch einmal bei einem Spaziergang Ausschau: Auch in der freien Natur können Sie viele verblüffende Objekte finden, die zu wahren Blickfängen in Ihrer Wohnung werden!
Mit altertümlichen Objekten aus der Medizin kommt auch der Gruselfaktor nicht zu kurz: Chirurgen- oder Zahnarztbesteck, Stethoskope oder Büsten aus den medizinischen Fakultäten usw.
Globen aus Glas, die früher empfindliche Uhrwerke vor Staub schützten, überdecken nun witziges mechanisches Spielzeug aus den 1950er-Jahren.
Vergessen Sie nicht die Natur: Gebeine, Fossile, verlassene Vogelnester, Muscheln, bizarr geformte Steine, Treibholz und viele andere Naturobjekte wie auch Federn, Geweihe oder ausgestopfte Tiere – alles natürlich stets mit Beachtung der geschützten Arten.

▲ **Diese Formteile aus der Serienproduktion wurden zu Deko-Objekten umfunktioniert.**

▼ **Ästhetische Antiquitäten und fremdartige Objekte schaffen eine romantische Atmosphäre.**

Details sind der Schlüssel zum Ganzen

▲ **Professionelle Lichtschalter und Steckdosen sind für eine intensive Nutzung geeignet.**

Elektrik

Lichtschalter und Steckdosen – gleich in welcher Farbe und Größe und aus welchem Material – versteckt man heute nicht mehr! Ob aus gebürstetem Metall, schwarzem Nickel, poliertem und lackiertem Messing, glänzendem Chrom oder gefärbtem Glas – die großen Schaltvorrichtungen beinhalten gleich mehrere Wipp- oder Druckschalter. Die abgedeckten Steckdosen lassen sich in Zweier- oder Vierergruppen an der Wand anbringen, während im Boden eingefasste Steckdosen durch flache Metallklappen geschützt sind.

▲ **Diese alten Drehschalter erinnern an die Epoche, aus der das Gebäude stammt.**

Türgriffe

Um das industrielle Flair zu verstärken, greift man auf Türgriffe aus der Industrie zurück, z. B. auf solche, wie sie für U-Bahn-Türen verwendet werden, oder auf die beweglichen Griffe von alten Eisschränken. Griffmuscheln aus Metall und lackierte Kugelgriffe erinnern an Ateliers von früher. Zeitgenössischer sind Exemplare aus Glas oder steinförmige Griffe.

◄ ▼ **Sowohl die Griffe als auch die Werkstattkästen können Sie im Baumarkt erstehen.**

▲ Das riesige verwelkte Rhabarberblatt erinnert an das Blatt einer Tabakpflanze.

Kissen, Tagesdecken, Felle und Teppiche

Ob Sie elegante oder umfunktionierte Einrichtungsgegenstände verwenden, vergessen Sie nicht die Accessoires, die Farbakzente setzen und die schroffe Erscheinung des Industriedesigns etwas lindern. Große Kissen auf dem Boden eignen sich hervorragend zum Lesen oder Fernsehen. Sogar als Schlafmöglichkeit für Kinder sind sie ideal. Besticken Sie kleinere Zierkissen mit einladenden Sprüchen und platzieren Sie sie auf Ihrem Sofa oder Bett. Noch künstlerischer wirkt Seide im Art-Déco-Stil, mit der Sie z. B. Ihre Nackenkissen beziehen können.

Für zusätzlichen Raumkomfort sorgen ethnische Teppiche aus Wolle oder geflochtene aus Synthetik. Kuschelige Tagesdecken verschönern ein womöglich zu kahl anmutendes Sofa. Ein Schafsfell kann einen Sessel zieren und ein Kuhfell den Boden.

1
5
2
19
7
16
20
18
17
9
15
13
21
14
22

HARMONISCH UND FUNKTIONELL

Aufenthaltsräume

Viel Raum zum Leben

Hell und aufgeräumt zeigt sich das Zentrum des Hauses als vielseitiger Raum, in dem man die unterschiedlichsten Aktivitäten ausüben kann: Ein großer Wäschetisch und eine darüber aufgehängte, verstellbare Industriebeleuchtung eignen sich sowohl zum gemeinsamen Abendessen als auch für die Hausaufgaben der Kinder. Das massive Mobiliar im Industriedesign wird durch kleine Beistelltische, Klappstühle, stapelbare Hocker und fahrbaren Möbeln auf Rollen vervollständigt, die je nach Bedarf eingesetzt oder weggeräumt werden.

► Zarte Farben und pflegeleichte Materialien in der Küche. Sinn für Ordnung, Verspieltheit und eine Prise Nostalgie gehören zum Industriedesign.

◀ Die gelungene Kombination aus umfunktioniertem Industriemobiliar und natürlichen Farben verleiht dieser Wohnung aus dem 19. Jahrhundert besondere Eleganz.

▲ Geschickter Umgang mit verschiedenen Materialien und Perspektiven: Dieses Wohnzimmer mit Ausblick auf den Garten ist dank des Kamins auch im Winter gemütlich.

Die Küche

Hier wird gegessen und sich ausgetauscht – die Küche lässt sich ohne Probleme in den Wohnbereich integrieren. Arbeitsplatten aus Beton, Möbel aus Resopal aus den 1950er-Jahren und umfunktionierte Gegenstände: Die Küche im Industriedesign vereint unterschiedliche Stile, darunter recycelte Objekte sowie unterschiedliche Materialien. Viele der aktuellen Küchen sind vom Industriedesign geprägt und setzen sich aus hochwertigen Materialien wie Corean®, Wachsbeton, Glas oder Stahl zusammen.

Die praktischen Küchen aus Edelstahl harmonieren bestens mit den verschiedensten Baustoffen. Sie haben nur wenig Platz? Kein Problem, denn die Hersteller von Haushaltsgeräten bieten Produkte in unterschiedlichen Größen an. Denken Sie auf jeden Fall an eine höhenverstellbare Arbeitsplatte – sowohl aus Gründen des Komforts als auch der Sicherheit für die Kinder.

▲ ▼ Edelstahl, Holz, Beton und umfunktionierte Objekte sind der Schlüssel zum behaglichen Industriedesign in Ihrer Küche.

▲ Die bunten Mosaiksteine im Parkett dieser Pariser Wohnung symbolisieren die Fundamente der ehemaligen Wand, durch deren Abriss man die Küche mit dem Wohnzimmer zusammenlegte.

Arbeitsräume

Bücherregale

Bücher, CDs und Schallplatten sind gute Deko-Objekte. Sparen Sie Geld, indem Sie Ihre Regale selbst bauen, z. B. aus Backsteinen, Betonhohlblöcken, Holzbalken und -brettern. Ein weiterer Vorteil: Sie benötigen keine speziellen Befestigungsvorrichtungen. Wenn Sie eine ganze Wand mit einem großen Bücherregal versehen wollen, eignen sich sicherheitsgeprüfte Regalsysteme aus galvanisiertem Aluminium. Sie sind kostengünstig, leicht zu montieren und sehr belastbar. Sie können aber auch alte Regale aus Banken, Apotheken oder Lebensmittelläden verwenden. Zellbeton ist sehr leicht und bietet sich ebenfalls für unterschiedlich große Fächer zum Auf- und Ausstellen von CDs, Büchern und ausgefallenen dekorativen Objekten an. Sehr praktisch ist auch die beidseitige Nutzung von Trennwänden: auf der einen Seite CDs, auf der anderen die Garderobe!

◄ ▼ Ob mit Industrieregalen oder zeitgenössischen Aufbewahrungsmöbeln aus gefaltetem Blech: Stahl verleiht ihrem Lesebereich einen modernen Touch.

Arbeitsplatz

Besonders hier werden Industriemöbel ihrer Funktion gerecht, denn sie wurden ja zum Arbeiten entwickelt. Drehstühle, neigbare Tischplatten oder verstellbare Lampen: Mit diesen Gegenständen lässt sich auf raffinierte Weise ein untypischer, aber zweckmäßiger Arbeitsplatz einrichten. Ein kleiner Aktenschrank auf Rollen dient als Ablage und als Stauraum für den Laptop und Dokumente. Ein benutzerfreundlicher und zugleich dekorativer Architektenschreibtisch bietet dank seiner verstellbaren Neigung hohen Arbeitskomfort; zugleich strahlt er die Nostalgie einer alten Schulbank oder den Luxus eines antiken Schreibtischs aus.

► Für das Arbeitszimmer sind Möbel aus der Industrie oder Gastronomie sehr geeignet; so wie diese Kombination aus einem alten Tisch und Stuhl.

▼ Ein Schreibtisch mit einer durchsichtigen Glasplatte, die von einer Gitterstruktur gehalten wird.

Entspannungsräume

Schlafzimmer

In diesem Bereich dominieren sanfte und natürliche Materialien sowie zarte Farben. Die Einrichtung eines Schlafzimmers im Industriedesign richtet sich ausschließlich nach seinem Zweck: Ruhe und Erholung. Hier wird besonders auf die Ausleuchtung geachtet; lange Vorhänge erzeugen ein zartes und gedämpftes Licht, während eine industrielle Gelenkleuchte als Leselampe am Kopfende des Bettes angebracht wird. Sollte das Schlafzimmer nicht von einem Nebenzimmer abgetrennt sein, sorgt eine partielle Trennwand für die Wahrung der Privatsphäre. Weitere industrielle Akzente setzen ein Nachttisch aus dem Krankenhaus, ein Heizkörper aus Gusseisen sowie Kartons zum Verstauen von Gegenständen.

▼ Die Abdrücke der Gussform, in die die Betonwand gegossen wurde, sind nur noch schwer zu erkennen. Der subtile und leuchtende Grauton des Betons verleiht dem Raum Wärme und Behaglichkeit.

Badezimmer

Hier eignen sich Labortische, Apothekerschränke oder Nachttische aus dem Krankenhaus. Das Badezimmer ist aus keinem Haushalt wegzudenken, verstecken Sie es also nicht. Wenn es z. B. an das Schlafzimmer angrenzt, durchbrechen Sie die Wand für mehr Raum und Lichteinfall. Weiße Fliesen in der Dusche und auf dem Boden wirken sehr gepflegt und sind mit einem feuchten Tuch leicht sauber zu halten. Beim Industriedesign bevorzugt man auch im Bad mineralische Baustoffe, sodass metallisiertes Feinsteinzeug, Verglasungen sowie Böden aus Schiefer- oder Kieselstein den Raum in Grau, Schwarz und Weiß erstrahlen lassen. Eine antike Badewanne harmoniert mit hellem Holzboden, verchromten Wasserhähnen und Aufbewahrungsboxen aus Zink.

◄ Die Badewanne mit Standfüßen in Form von Löwentatzen ist ein ausgefallenes dekoratives Objekt. Zwei Waschbecken in unterschiedlicher Höhe sind für alle Familienmitglieder geeignet.

Terrasse und Garten

Pflegen Sie nicht nur den Garten, sondern auch die Kontraste darin! Für eine rustikale Erscheinung greifen Sie zu aromatischen Kräutern, Sukkulenten, Weinstöcken oder Sonnenblumen. Für mehr Sinnlichkeit und Exotik sollten Sie sich für Lotus, Orchideen und japanische Zwergkirschen entscheiden. Grünpflanzen sind pflegeleicht und langlebig, während getrocknete Blumen, Blätter und Äste nostalgische Akzente setzen. Greifen Sie auch bei den Blumentöpfen zu typischen Materialien des Industriedesigns. Binden Sie die natürlichen Gegebenheiten in die Aufteilung Ihres Gartens ein, z. B. mit Bambushecken oder Rankgittern. Um den Garten oder die Terrasse noch größer wirken zu lassen, führen Sie die Wand- und Bodenbeläge aus dem Haus auch außerhalb weiter – oder umgekehrt.

► Beton, Backstein, Metall und Glas: Die industriellen Materialien finden auch außerhalb des Hauses Anwendung.

◄ ▼ Die Kombination von Holz und Backstein macht den Hof dieses ehemaligen Lagerhauses zu einer eleganten und einladenden Terrasse.

PRAKTISCHES

DESIGNER

Hier ist eine Liste mit Designern des 20. Jahrhunderts, deren moderne und funktionelle Arbeiten in hohem Maße durch das Industriedesign geprägt wurden. Manche ihrer Kreationen feiern heutzutage einen Erfolg, der seinesgleichen sucht. Andere Gegenstände wie in Serie hergestelltes Mobiliar für das Verwaltungswesen findet man heute noch auf Trödelmärkten.

Jacques Adnet: französischer Architekt und Dekorateur. Er entwarf Möbel in geometrischen Formen aus Metall, Glas und Leder in einer eleganten, modernen und zugleich klassischen Erscheinung.

Marcel Breuer: deutsch-amerikanischer Architekt und Designer, im „Bauhaus" in Dessau ausgebildet. Er entwarf den Stuhl „B3", den sogenannten Freischwinger. Dabei handelt es sich um den ersten Stuhl, der aus Stahlrohren gefertigt wurde. Breuer entwarf ihn 1925 für den Maler Vassily Kandinsky.

René-Jean Caillette: Er war der Erbauer der Schalensitze, die aus einer Schale aus Glasfasern und Füßen aus schwarz lackierten Stahlröhren bestehen. Sie werden unter der Marke „Steiner" verkauft und erlebten ihren größten Erfolg Ende der 1950er-Jahre.

George Carwardine: britischer Industrieller, spezialisiert auf die Herstellung von Stoßdämpfersystemen für die Automobilindustrie. 1933 entwarf er die berühmte Gelenkleuchte „Anglepoise".

Jean-Louis Domecq: 1950 erschuf er die Jielde-Lampe, um damit die Maschinen seiner Fabrik besser ausleuchten zu können. Charakteristisch für diese Lampe sind der Gelenkarm, der zusätzliche Griffring zur besseren Handhabung des Lampenschirms sowie der robuste Schraubstock, mit dem die Lampe z. B. an Tischplatten befestigt werden kann. Noch nie gelang die Kombination aus Zuverlässigkeit, Raffinesse und Zweckmäßigkeit so perfekt wie bei dieser Lampe!

Charles und Ray Eames: amerikanische Architekten, Dekorateure und Regisseure. Das Ehepaar konzentrierte sich auf die Erschaffung eines modernen und qualitativ hochwertigen Mobiliars, das für alle erschwinglich war.

Pierre Guariche: französischer Designer für Möbel und Lampen. Seine beiden größten Erfolge: die Lampen „cerf-volant" und der Sessel „Amsterdam" aus geformtem Sperrholz.

Arne Jacobsen: dänischer Architekt und Designer für funktionelle Kreationen. Seine Werke sind von organischen Formen geprägt und legten den Grundstein für den heute so beliebten skandinavischen Stil: elegante und schlichte Linien, jedoch immer funktionell und aus natürlichen und behaglichen Materialien. Der Sessel in Eiform aus den 1960er-Jahren ist eines seiner bekanntesten Werke.

Pierre Jeanneret: Architekt und Designer aus der Schweiz. Zusammen mit seinem Cousin, „Le Corbusier", kreierte er einen neuen architektonischen Stil, der fünf Aspekte berücksichtigt: das Pfahlwerk, die Dachterrasse, freie Raumeinteilung, lange Fensterreihen und die freistehende Fassade (sie ist nicht mehr Träger des Gebäudes).

Paul Laszlo: amerikanisch-ungarischer Architekt, Innenarchitekt und Dekorateur. Er war spezialisiert auf die Raumeinteilung von Gewerbeflächen sowie auf hochwertiges Büromobiliar. Sein Stil zeichnet sich durch geschwungene Linien sowie untypische

Farbverwendungen aus und inspiriert dadurch noch heute Dekorateure.

„Le Corbusier": Der gebürtige Schweizer hieß eigentlich Charles-Édouard Jeanneret-Gris. Er war Architekt, Städtebauer, Maler und Schriftsteller. In den 1930er-Jahren kreierte er seinen puristischen, geordneten und sehr gemütlichen Stil. Als Markenzeichen für den „Corbu"-Stil gilt die Couchgarnitur LC2, die er zusammen mit Charlotte Perriand und Pierre Jeanneret entwarf und die heute noch sehr gefragt ist!

Mathieu Matégot: Designer. Er begann seine Karriere als Dekorateur in den Galeries Lafayette in Paris. Ab den 1930er-Jahren schuf er gewöhnliche, raffinierte, aber auch verspielte Möbel und Objekte aus Rattan und Metall oder aus gelochtem Blech. Seine bekanntesten Kreationen sind der Stuhl „Nagasaki" und die Sessel „Copacabana" und „Santiago".

Joseph-André Motte: Mit traditionellen Materialien (Metall, Rattan, Holz) kreierte er ein sowohl ergonomisches und umweltfreundliches als auch modernes und elegantes Mobiliar. Zusammen mit Pierre Guariche und Michel Mortier gründete er das ARP (Atelier de Recherche Plastique) und war der beliebteste Dekorateur der französischen Industrie. Für den Pariser Verkehrsbetrieb RATP entwarf er Sitze, die noch heute verwendet werden.

George Nelson: amerikanischer Designer, Architekt, Grafiker und Schriftsteller. Er entwarf futuristisch anmutendes Mobiliar mit einer Vorliebe für verspielte Formen und neue Materialien.

Isamu Noguchi: amerikanisch-japanischer Bildhauer, Dekorateur und Designer. Er schuf das Modell „Akari", eine kugel- oder korbförmige Papierleuchte, inspiriert von japanischen Fischern.

Xavier Pauchard: Kesselschmied und Hersteller von Möbeln aus verbeultem und lackiertem Metall. Die robusten und stapelbaren Stühle, Sessel, Hocker und Tische der Marke „Tolix" findet man häufig auf den Terrassen von Cafés und sogar auf der Brücke des berühmten Kreuzfahrtschiffs „Normandie".

Pierre Paulin: Innenarchitekt und Erbauer industrieller Möbel und Objekte. Er war der Erfinder der bekannten Polstermöbel „Tulip" und „Mushroom", die mit Schaum ausgepolstert und mit elastischem Stoff überzogen sind. Paulin entwarf für Thonet und Artifort und seinen bunten und innovativer Stil fand man in den 1970er-Jahren im Elysée-Palast, im Louvre und in weiteren berühmten Gebäuden und Industriebauwerken.

Charlotte Perriand: avantgardistische Architektin und Designerin, die sich auf Inneneinrichtung spezialisiert hatte. Sie empfahl als Erste die Einrichtung nach dem Baukastenprinzip und die Umfunktionierung industrieller Materialien (wie Eisenrohre) zur Erschaffung eines eleganten und komfortablen Mobiliars aus Metall.

Jean Prouvé: Kunstschmied und autodidaktischer Architekt, Erfinder funktionellen Mobiliars aus Holz und gefaltetem Blech. Obwohl er sich mit den Möglichkeiten technologischer und industrieller Herstellung beschäftigte, schätzte er nach wie vor die Handarbeit.

Raphaël Raffel: Innenarchitekt. Er erfand zu Beginn der 1950er-Jahre einen praktischen und zeitgenössischen Stil. Seine Werke aus robusten, aber kostengünstigen Materialien wie Metall oder Resopal hielten Einzug in die Cité Universitaire von Antony und in die Büroräume der französischen Post.

DIE WAHREN HINGUCKER!

Für ein erfolgreiches Industriedesign sollten Sie auch zu Gegenständen aus früheren Zeiten greifen. Die schönsten Objekte wurden oftmals bereits von spezialisierten Antiquitätenhändlern restauriert, aber auch auf Trödelmärkten oder sogar beim Sperrmüll können Sie fündig werden. Wie auch immer Ihr Budget aussieht: Denken Sie an die Umfunktionierung oder Verfremdung der Gegenstände, um ihnen neues Leben einzuhauchen!

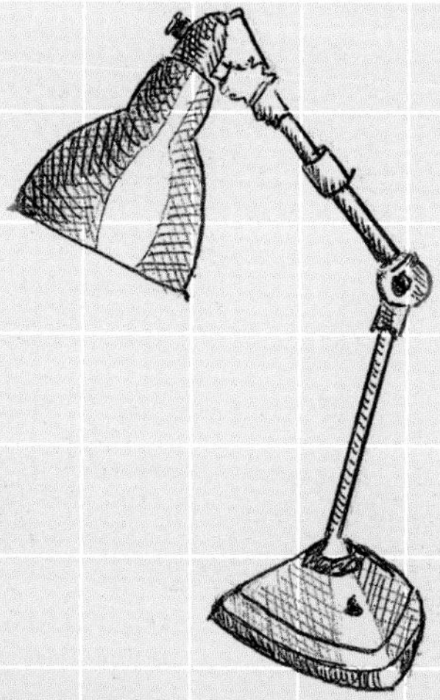

INDUSTRIELLE GELENK-, WAND- UND HÄNGELEUCHTEN

- Architektenleuchten mit Gelenkfuß oder -arm
- Hängeleuchten mit glocken- oder pilzförmigen Lampenschirmen
- Filmscheinwerfer mit oder ohne Standfuß
- Geschmiedete Lampen
- Untersuchungsleuchten aus dem OP
- Werkstattlampen

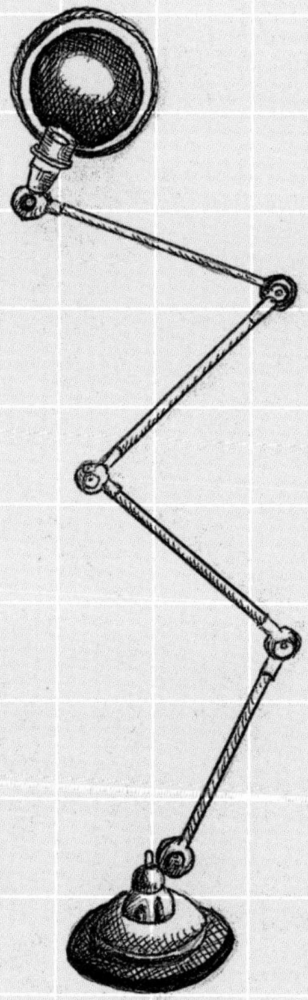

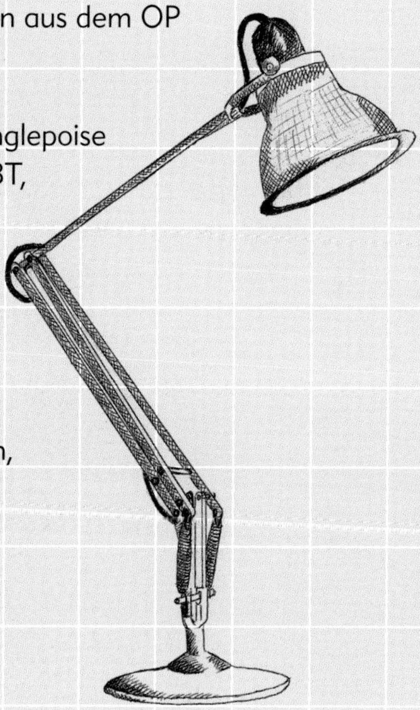

Bekannte Hersteller: Anglepoise Cawardine, Artemide, BBT, Bucquet, Ca Belli, Castaldi, Cremer, Fortuny, Gras, Holophane, Illuminazione Sel, Jumo, Klewe, Lita, Luceplan, Mazda, Mouille, Palucco, Poulsen, RG Levallois, Sammode

DEKO-OBJEKTE

- Wandbuchstaben aus Metall
- Aushängeschilder von Tabakläden
- Lackierte Karaffen und Aschenbecher aus der Gastronomie
- Rostige, mechanische Elemente (Spannrollen, Gelenke)
- Mundgeblasene Glaskaraffen aus Italien
- Antike Objekte aus dem Sportbereich aus Leder, Metall oder Holz
- Kristallbehänge von Kronleuchtern
- Blechspielzeug
- Schaufensterpuppen aus Holz, Blech oder Gips
- Pompös verschnörkelte Spiegel
- Jukeboxen, Tischfußball- und Billardtische, Flipper und andere Spielautomaten
- Werbefiguren
- Postkartenständer aus Metall
- Haltevorrichtungen und Fleischhaken aus der Metzgerei
- In Blechplatten eingravierte Werbetexte
- Antike Verkehrsschilder oder ausrangierte Fußgängerampeln
- Mechanische Vorrichtungen aus alten Autos und Flugzeugen
- Metall- oder Holzkästen aus Werkstätten oder Fabriken
- Schneiderbüsten mit oder ohne Standfuß
- Displayköpfe und -hände
- Ausrangierte Zapfsäulen von Tankstellen

Bekannte Hersteller: Castrol, Chanteclerc, Citroën, Michelin, Mobiloil, Motobecane, Motul, Siegel & Stockman, Ricard

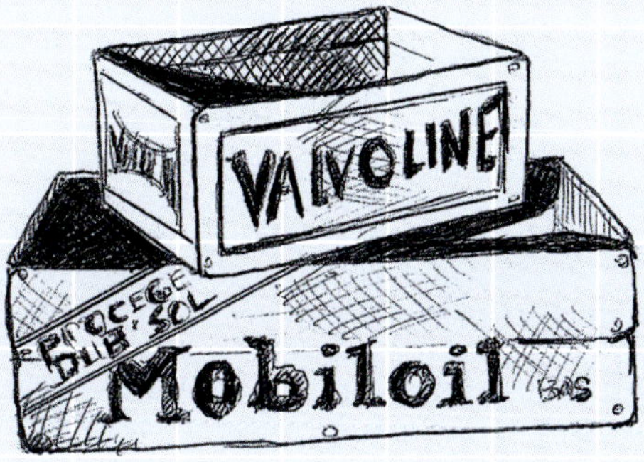

WANDUHREN

Rund oder achteckig und überdimensioniert, und manchmal ziert alte Bahnhofsuhren noch der Name ihres Herkunftsortes.

Bekannte Hersteller: Ato, Brillié, Deho, Garnier, Lambert, Lepaute, Peweta

KURIOSE GEGENSTÄNDE

- Alte Weltkarten und Plakate aus dem Schul- und Medizinbereich
- Materialien aus der Tierwelt (Felle, Leder)
- Überdimensionierte getrocknete Pflanzen
- Kleine Behältnisse aus weißem Laborglas
- Antikes Medizinbesteck
- Kunstobjekte aus Gips
- Antike Vogelkäfige aus Metall
- Aushängeschilder von Metzgereien (mit Köpfen von Pferden, Schweinen, Rindern)
- Wasserspeier in Tierform
- Antiquitäten aus fremden Ländern
- Freche oder komische Daguerreotypien

Bekannte Hersteller: Armand Colin, Deyrolle, Lebègue, MDI, Nathan, Rossignol, Vidal Lablache

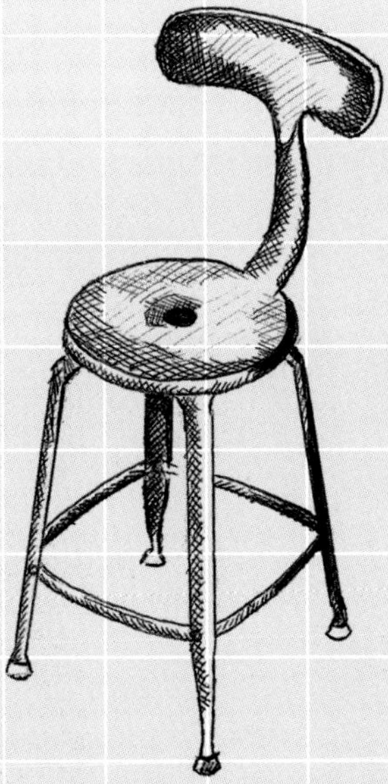

TECHNISCHE OBJEKTE

- Große Sicherungen, elektrische Spulen und andere elektrische Elemente aus dem Industriebereich
- Teile für Gussformen
- Gegenstände aus Wissenschaft und Nautik

Bekannte Hersteller: Butterfield, df-Electric, Guichard, Krups, Littlefuse, Negus, Richet

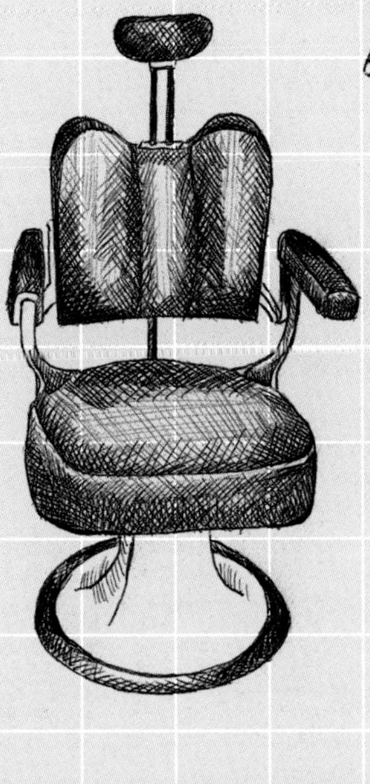

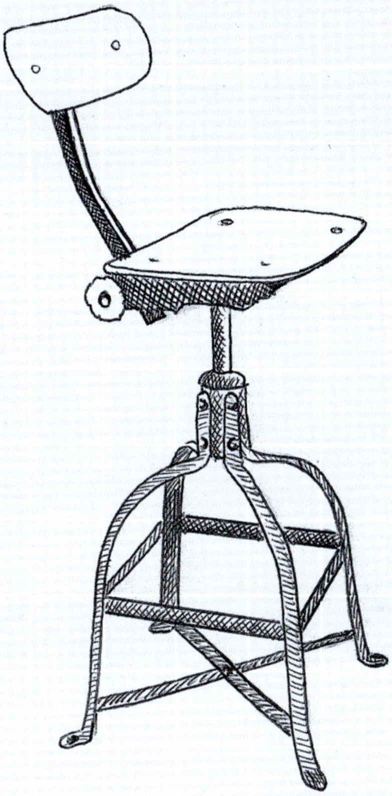

MÖBEL AUS FABRIKEN, WERKSTÄTTEN UND BÜROS

- Stapelbare Stühle und Sessel aus Metall
- Werkstattstühle aus Metall aus den 1960er-Jahren
- Bürostühle und -tische aus Metall
- Hölzerne Drehstühle aus den 1930ern aus den USA
- Höhenverstellbare Hocker mit Fuß aus Metall und runden, drehbaren Sitzflächen aus Holz
- Höhenverstellbare Stühle auf Rollen mit neigbarer Rückenlehne
- Sitzgelegenheiten aus alten Barbierläden und der Filmbranche
- Postregale und höhenverstellbare Hocker
- Umkleidespinde aus Fabriken
- Wäschetische
- Zeichentische, höhenverstellbar durch einen hydraulischen Fuß
- Büromöbel aus Holz und Metall
- Regale mit Schiebetüren oder Schubladen
- Regalsysteme aus Aluminium
- Glasschränke aus der Medizin
- Kantinentische und -stühle aus Militärkasernen
- Labortische
- Werkbänke von Mechanikern oder Schmieden
- Tresen aus der Gastronomie
- Bankschalter
- Körbe auf Rollen und Minenloren

Bekannte Hersteller: Bienaise, Flambo, GDB Alcopa, Hansen, Kartell, Manufrance, Manutan, Herman Miller, Pauchard, Ronéo, Singer, Standard, Strafor, Thonet, Tolix, Vitra

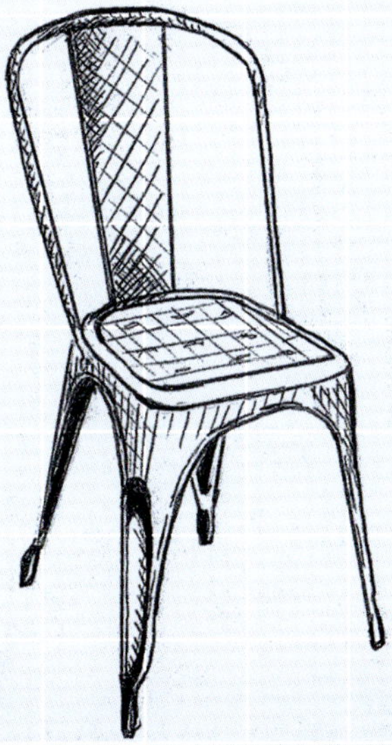

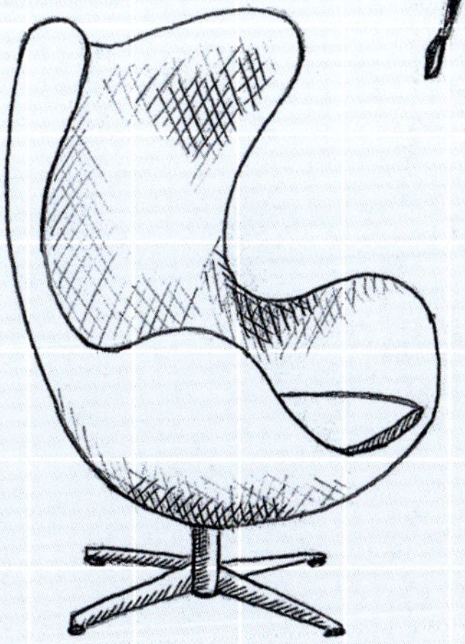

TIPPS UND TRICKS

Hier finden Sie einige Anleitungen zur Materialpflege. Einige der hier angewandten Methoden können gesundheitsschädlich sein, wenn Sie nicht die entsprechenden Sicherheitsvorkehrungen treffen: Lüften Sie den Raum ausreichend und tragen Sie Schutzkleidung (lange Ärmel, Handschuhe, Schutzbrille, Atemmaske), um direkten Kontakt zu vermeiden. Wenn Sie unerfahren auf diesem Gebiet sind, ziehen Sie auf jeden Fall einen Fachmann zurate!

ANTHRAZITFARBENER STAHL

Mit dieser Anleitung von Cédric Gidoin, Designer für Möbel aus Stahl und Holz, lassen Sie Ihre Stahldeko in einem schönen Anthrazit erstrahlen:
Schleifen Sie den Stahl mit einer Maschine und rauhen Sie ihn mit Schmirgelpapier an. Benutzen Sie immer feineres Schmirgelpapier und feuchten Sie den Stahl stets an, bis Sie eine glatte Oberfläche erhalten.
Entfetten Sie die Oberfläche mit einem Schwamm und Aceton, tragen Sie anschließend eine Hämatit-Schicht auf und spülen Sie das Eisen ab. Tragen Sie nun einen Einkomponentenlack oder eine Lasur auf Leinölbasis (1/3 Öl, 2/3 Terpentin, 4–7% Sikkativ) auf. Kleine Metalloberflächen können Sie auch mit Jadeöl behandeln.

METALLPFLEGE

► Kupfer: Geben Sie zwei Esslöffel Salz in einen Liter Essig und lassen Sie alles kurz aufkochen. Bepinseln Sie die zu reinigenden Objekte, spülen Sie sie mit warmem Wasser ab und polieren Sie mit einem Tuch nach.
► Edelstahl: Behandeln Sie die Oberfläche mit einem Schwamm und einer Lösung aus lauwarmem Wasser und weißem Essig (50% Wasser, 50% Essig). Trocknen Sie die Oberfläche mit einem Tuch ab. Alternativ können Sie vor dem Abtrocknen den Edelstahl auch mit einer rohen Kartoffel einreiben.
► Zink: Behandeln Sie die Oberfläche mit der rauen Seite des Schwamms und weißem Essig, spülen Sie die Fläche ab und reiben Sie sie mit Schmierseife ein.
► Gusseisen: Behandeln Sie die Oberfläche mit Stahlwolle, entstauben Sie sie anschließend mit einem Tuch und polieren Sie sie mit schwarzem Wachs. Da Wachs von Gusseisen aufgenommen wird, besteht im Nachhinein keine Gefahr des Abfärbens.

METALL KÜNSTLICH OXIDIEREN

Lösen Sie 30% Salzsäure in 70% Wasser auf. Behandeln Sie die Metalloberfläche mit dieser Lösung und lassen Sie sie vollständig trocknen. Wiederholen Sie diesen Vorgang, bis Sie das gewünschte Ergebnis erzielt haben, und beschichten Sie das Ganze mit Leinöl.
Vorsicht: Salzsäure ist gefährlich! Tragen Sie Schutzbrille und -handschuhe und achten Sie darauf, dass Sie die Säure in das Wasser geben und nicht umgekehrt, was eine heftige chemische Reaktion zur Folge hätte!

FARBEN MARKE EIGENBAU

Ob mit Kartoffeln, Olivenöl oder Quark, mischen Sie Ihre eigenen Farben an! Diese ökologischen und umweltfreundlichen Farben sind gleichermaßen für Gips, Holz oder Stein geeignet! Im Internet finden Sie zahlreiche Anleitungen und Tipps zur Herstellung eigener Farben und Lacke.

HOLZ BLEICHEN

Beginnen Sie stets damit, das Holz gründlich abzuschleifen und es anschließend sorgfältig zu entstauben.

► Harzhaltiges Holz: Reinigen Sie das Holz mit starkem Chlorwasser. Bedenken Sie jedoch, dass das Chlorwasser die Holzfasern angreift und das Holz somit schneller altert. Seien Sie sich bewusst, welchen Effekt Sie erzielen möchten!

► Harzfreies Holz:
• Mit Oxalat:
Lösen Sie 100 g Oxalat (Salz der Oxalsäure) in ½ Liter warmem Wasser und tragen Sie die Lösung mit einem Nylonpinsel oder einem Schwamm auf. Lassen Sie sie zwei Stunden einwirken und waschen Sie das Holz mit klarem Wasser ab. Lassen Sie das Holz einen Tag trocknen und reinigen Sie es dann mit einer Lösung aus 90% Wasser und 10% Brennspiritus.

• Mit Wasserstoffperoxid:
Bedenken Sie, dass Holz nach der Vorbehandlung mit Wasserstoffperoxid nicht mit Lack auf Polyurethanbasis beschichtet werden kann. Vermischen Sie in einem nichtmetallischen Behältnis 90% Wasserstoffperoxid (130 Vol.: stark korrodierend) und 10% Ammoniak. Tragen Sie die Lösung mit einem Nylonpinsel oder einem Schwamm auf. Waschen Sie die Oberfläche mit klarem Wasser ab. Lassen Sie das Holz einen Tag trocknen und reinigen Sie es zuletzt mit einer Lösung aus 90% Wasser und 10% Brennspiritus.

ÜBERDIMENSIONIERTES POSTER

Nehmen Sie ein Foto, eine Zeichnung oder eine Collage und lassen Sie sie in einem Kopierladen auf Posterformat vergrößern. Kleben Sie das Poster mit Tapetenkleister direkt auf die Wand. Tauschen Sie die Bilder je nach Vorlieben, Stimmung oder Lebensabschnitt aus!
Die digitale Drucktechnik ermöglicht auch den Ausdruck auf großen Stoffbahnen, die sich aufhängen lassen. Oder gestalten Sie Ihre Poster doch einfach selbst! Mit einigen, meist kostenlosen Computerprogrammen können Sie Ihre Fotos vergrößern und sie auf mehrere DIN-A4-Seiten rastern, sie anschließend ausdrucken und zu einem großen Poster zusammenfügen.

SCHRIFTARTEN

Eine große Auswahl an Schriftarten für den Computer können Sie für private Zwecke kostenlos auf www.dafont.com herunterladen, um damit Schablonen oder Sticker für Ihre Dekoration zu erstellen.

ADRESSVERZEICHNIS

In dieser Kategorie ist es nur schwer möglich, eine Liste zu erstellen, die die meisten Hersteller berücksichtigt. Aus diesem Grund finden Sie hier eine alphabetische Auswahl, die keinen Anspruch auf Vollständigkeit erhebt:

ANTIQUITÄTENHÄNDLER

Antik & Laden
Tel.: 03721 396413
www.antik-und-laden.de

Antik & Poliert
Tel.: 09777 1511
www.antik-poliert.de

Antikhaus Dresden
Tel.: 0179 1289226
www.troedelhaus-dresden.de

Antikhaus Niehaus
Tel.: 030 3248935
www.antikhaus-niehaus.de

Antikmöbel und Wein
Tel.: 0151 121212
www.berlin-antikmoebel.de

Brüggemann
Tel.: 06029 8519
www.brueggemann-antiquitaeten.de

Curtis & Curtis
Tel.: 089 4481015
www.curtisundcurtis.de

Dusch
Tel.: 06232 74572
www.antikdusch.de

everythinkz
Tel.: 0351 7952478
www.everythinkz.de

Hense
Tel.: 0431 5796111
www.antik-hense.de

Knoor
Tel.: 02842 41069
www.knoor.de

BADEZIMMER

Alape GmbH
www.alape.com
Einbaubecken, Aufsatzbecken, Schalenbecken, Trägerplatten, Konsolschubladen, Waschtische, Waschplätze, Ausgussbecken, Spiegel und Möbel

badelaedchen
Inh. Thorsten Schumann
www.badelaedchen.de
Waschtische, Bidets, Bade-wannen, Duschen, Armaturen, Badmöbel, Spiegel

Bette GmbH & Co. KG
www.bette.de
Badewannen, Duschwannen, Duschflächen, Duschab-trennungen, Whirlwannen

Duravit
www.duravit.de
Waschtische, WCs, Bidets, Urinale, Wannen, Duschen, Badmöbel, Accessoires

Duscholux Deutschland
www.duscholux.de
Bade- und Duschwannen, Multifunktionsduschen, Whirlpools, Duschwände

Glamü GmbH
www.glamue.de
Badewannen, Duschwannen, Ganzglasduschen, Rahmen-
duschen, Whirlpools

HOESCH Design GmbH
www.hoesch.de
Komplettbäder, Badewannen, Duschwannen, Duschabtrennungen, Whirlwannen, Dampfbäder

illbruck Sanitärtechnik GmbH
www.illbruck-sanitaertechnik.com
Wannenmontagesysteme, Wannenträger, Wannenschürzen, Wannenfüße, bodengleiche bzw. barrierefreie Duschen, Waschplätze, Duschplätze und Duschwände

Franz Kaldewei GmbH & Co. KG
www.kaldewei.de
Badewannen (Ovalwannen, Recht- und Mehreckwannen), Duschbadewannen, Duschwannen, superflache barrierefreie Duschtassen, übergroße (XXL-)Duschwannen, Whirl-wannen mit Luftsprudel- und/oder Wassermassagesystem, Warmwasserspeicher, Kohlebadeöfen

KEUCO GmbH & Co. KG
www.keuco.de
Bad-Editionen, Bad-Accessoires, Spiegelschränke, Lichtspiegel, Duschvorhänge und Badmöbel sowie Armaturen

RepaBAD GmbH
www.repabad.com
Acrylwannen, Whirlpools und Dampfbäder

Rialto Design
www.rialto-design.de
Natursteinbecken, Hartsteinbecken, Aufsatzbecken, Keramikbecken, Wannen aus Naturstein, Glasmosaik, weiße Fliesen, Natursteinplatten für innen und außen

Villeroy & Boch
www.villeroy-boch.de
Waschtische, Wand-WCs, Tiefspül-WCs, Bidets, Wannen, Fliesen, Badmöbel

Wedi GmbH
www.wedi.de
Fertigelemente für geflieste Sanitärobjekte, Bodenablauf für bodengleiche Duschen, Trennwandanlagen, Dusch-trennwände, Profile, Wand- und Bodenbauplatten

BAUMÄRKTE

Bauhaus
Tel.: 0800 3905000
www.bauhaus.info

Globus
Tel.: 06898 5150
www.globus-baumarkt.de

Habitat
Tel.: 0231 7254830
www.habitat.de

Hagebau
Tel.: 0180 503 0003
www.hagebau.de

Hornbach
Tel.: 06348 6000
www.hornbach.de

OBI
Tel.: 01805 624624
www.obi.de

Praktiker
Tel.: 0800 1222122
www.praktiker.de

toom
Tel.: 0800 7763422
www.toom-baumarkt.de

BELEUCHTUNG

AEG
Lichttechnik

ANSORG
Lichttechnik

ASMUTH
Lichttechnik (Innenleuchten)

BAULMANN
Lichttechnik und Leuchten

bega
Lichttechnik

CP-LICHT DESIGN

Hellux
Leuchten

hoffmeister
Lichttechnik

KBS-TECHNIK

KOTZOLT
Lichtdecken, Designleuchten, Strahler und Downlights

MISSAL
Lichttechnik

milano
Lichttechnik

mmco
Lichttechnik

OSRAM
Allgemeinbeleuchtung

OTTERPOHL
Lichttechnik

OVERDICK
Lichttechnik

SEDITEX
Leuchten und Lichtdecken

Starlicht
Lichttechnik

STENG LICHT
Lichttechnik

Radium
Lampenwerk

reggiani
Italienischer Hersteller für Lichttechnik

ridi
Lichttechnik

Ritto
Lichttechnik

TRIO-Leuchten
Lichttechnik

trilux
Lichttechnik

VIVALUX
Lichttechnik

Waldmann
Lichttechnik

DIVERSES

Datenbank für Industriedesign
Dipl. Designer (FH)
Andreas Enslin
Steubenstr.10
58644 Iserlohn
Tel.: 08404 9393910
www.industriedesign.de

DesignWiki
Der DesignWiki ist ein offenes System, dessen Inhalte durch Lehrende und Studierende des Studiengangs Industrial Design bereitgestellt werden.
Verantwortliche Ansprechperson sowie Verantwortlicher im Sinne des Presserechts (ViSdP):
Prof. Burkhard Schmitz
Grunewaldstr. 2–5
10823 Berlin
Tel.: 030 31851225
www.design.udk-berlin/DesignWiki

Form Magazine
Birkhäuser Leserservice
c/o Bauverlag BV GmbH
Avenwedderstr. 55
33311 Gütersloh
form@birkhauser.de
Die bekannteste Fachzeitschrift für Design

Universität der Künste Berlin
Studiengang Industrial Design
Einsteinufer 43–54
10587 Berlin
Tel.: 030 31850
www.udk-berlin.de

Zürcher Hochschule der Künste
Departement Design
Studiengang Industrial Design
Ausstellungsstr. 60
8031 Zürich
Sekretariat: Chahna Gottet
Tel.: +41 43 4463236
www.vid.zhdk.ch

KÜCHEN

ALNO
Tel.: 07552 210
www.alno.de

Beckermann
Tel.: 04478 880
www.beckermann-kuechen.de

Bulthaup
Tel.: 08741 800
www.bulthaup.com

Häcker
Tel.: 05746 9400
www.haecker-kuechen.de

Lechner
Tel.: 09861 7010
www.lechner-ag.de

Nobilia
Tel.: 05246 508
www.nobilia.de

Nolte
Tel.: 05732 8990
www.nolte-kuechen.de

Poggenpohl
Tel.: 05221 3810
www.poggenpohl.de

rational
Tel.: 05226 580
www.rational.de

Schüller Möbelwerk KG
Tel.: 09825 830
www.schueller.de

SieMatic
Tel.: 05732 670
www.siematic.de

Teka Küchentechnik
Tel.: 02771 81410
www.teka.com

Wellmann
Tel.: 05223 1650
www.wellmann.de

RESTAURATOREN

AH-Restaurierung
Tel.: 0221 83924604
www.ah-restaurierung.de

Antik & Art
Tel.: 06131 230053
www.antik-art.de

Arios Atelier
Tel.: 0151 50127543
www.ariosatelier.de

AVARD
Tel.: 04407 717885
www.avard.de

Holzrestaurierungen Breiholdt & Voss
Tel.: 0385 5938885
www.holzrestaurierungen.eu

k&k Studios
Tel.: 0178 8488463
www.restauratorin.net

Kunstschmiede Michael Haase
Tel.: 02151 573579
www.schmiedehaase.de

Lother Jünger Restaurierungen
Tel.: 0911 364857
www.restaurierungen-juenger.de

Möbelrestaurierung Kristin Klemm
Tel.: 06894 103400
www.moebelrestaurierung-klemm.de

Restaurierungen Bayreuth
Tel.: 0921 5089758
www.restaurierungen-bayreuth.de

Uhrmacherin Ina Walker
Tel.: 06831 124231
www.uhrmacher-walker.de

VERBÄNDE

Deutscher Kunsthandelsverband e. V.
Prinz-Friedrich-Leopold-Str. 5
14129 Berlin
Tel.: 030 80196741
www.deutscherkunsthandel.com

Rheinischer Kunsthändler-Verband (RKV) e. V.
Lucas-Cranach-Str. 12e
50939 Köln

Tel.: 0221 256294
schmitz@asianartschmitz.de

Verband der Kunst- und Antiquitätenhändler Niedersachsen e. V.
Hans Cyrny
Sollingstr. 56
37186 Fredelsloh
Tel.: 05555 665
www.kunsthandel-nds.de

Verband der sächsischen Kunst- und Antiquitätenhändler e. V.
Neumarkt 2
01067 Dresden
Tel.: 0351 3269645
info@plakity-dresden.com

Verband des hessischen Antiquitäten- und Kunsthandels e. V.
Simpliziusbrunnen 15–17
36037 Fulda
Tel.: 0661 70870
www.kunst-antiquitaeten-hessen.de

Verband deutscher Industriedesigner e.V.
Markgrafenstr. 15
10969 Berlin
Tel.: 030 74078556
www.germandesign.de

Verband norddeutscher Kunsthändler e. V.
Maria-Louisen-Str. 5
22301 Hamburg
Tel.: 040 464004
pendulum@t-online.de

Verband österreichischer Antiquitäten- und Kunsthändler
Schottenring 10
A-1010 Wien
Tel.: +43 664 3023351
www.kunstkauf.at

WAND- UND BODENBELÄGE

► Fliesen:

Deutsche Steinzeug AG
Tel.: 0228 3911006
www.deutsche-steinzeug.de

Korzilius
Tel.: 02623 6090
www.korzilius.de

Osmose
Tel.: 02602 6880
www.osmose-baukeramik.de

Villeroy & Boch
Tel.: 06864 810
www.villeroy-boch.com

► Parkett und andere Bodenbeläge

BERLO Parkett
Tel.: 02428 90450
www.belo-parkett.de

Bembé Parkett
Tel.: 07931 9660
www.bembe.de

Bona
Tel.: 06431 40080
www.bona.com

Forbo Bodenbeläge
Tel.: 05251 18030
www.forbo-flooring.de

Friedola
Tel.: 05651 3030
www.firedola.de

Haro (Hamberger Industriegewerbe GmbH)
Tel.: 08031 7000
www.haro.de

Meyer Parkett
Tel.: 0043 31355020
www.meyerparkett.at

Parador
Tel.: 01805 667668
www.parador.de

Tarkett
Tel.: 06233 810
www.tarkett-floors.com

IHRE ADRESSEN

NOTIZEN

BEGRIFFSERLÄUTERUNG

B

Bakelit: Hierbei handelt es sich um einen duroplastischen Kunststoff auf Basis von Phenolharz. Der Kunststoff wurde 1907 von dem belgischen Chemiker Leo Hendrik Baekeland entwickelt und nach ihm benannt. Bakelit wird für die Herstellung von Alltagsgegenständen wie Radio- und Telefongehäuse, aber auch für Schmuck verwendet.

Beton: Beton ist ein Gemisch aus Zement, Gesteinskörnung, Wasser und – je nach Wunsch – zusätzlichen Stoffen, um seine Eigenschaften zu beeinflussen. So gibt es z. B. farbigen Beton und Wachsbeton (siehe S. 12 u. 14). Die Wahl und der Anteil der verschiedenen Zusammensetzungen sind maßgebend für seine Qualität.

C

Corian®: solide, elegant und sinnlich. Corian ist der Luxus-Kunststoff schlechthin. Er wird verwendet für Möbel, Leuchten, Raumteiler, Badewannen oder Arbeitsplatten in der Küche. Der Anschaffungspreis ist hoch, doch sollte sich dies aufgrund der großen Nachfrage in Zukunft ändern.

G

Galvanisieren, vernickelen, verchromen: das Versehen eines Metalls mit einer schützenden Zink-, Nickel- oder Chrombeschichtung.

K

Kalkputz: Kalkputz hat eine desinfizierende Wirkung und beugt auf natürliche Weise Schimmelbildung vor. Er wirkt feuchtigkeits- und wärmeregulierend und der Anteil an Wasser bestimmt seine Dichte. Darüber hinaus verleiht Kalkputz den Wänden eine natürliche Steinoptik. Die Eigenschaften verschiedener kalkhaltiger Putzarten (Tadelakt, Stuck, Stampflehm und Chaux Ferrée) werden auf S. 15 erläutert.

Kunstharz: chemisch hergestelltes Harz, im Gegensatz zum natürlichen Harz (Baumharz). Es wird zur Veredelung oder Versiegelung von Oberflächen und zur Herstellung von Formen verwendet. Da es haftende Eigenschaften besitzt, eignet es sich ebenso als Bindemittel für Klebstoffe und Lacke. Es wird außerdem – z. B. als Gießharze – zur elektrischen Isolation verwendet.

P

Polycarbonat: Dieser sehr robuste Kunststoff ist zweimal leichter als Glas und darüber hinaus eine ideale Wärmeisolierung. Leicht und benutzerfreundlich findet dieser Kunststoff Anwendung in den verschiedensten Bereichen des Hauses: Schiebetüren, Raumteiler, Garderoben, Möbel, Leuchten, Duschkabinen, Waschbecken, Kopfenden des Bettes usw. Baustellenabsperrungen aus diesem Kunststoff sind solide, durchsichtig und wahre Blickfänger, wenn sie Einzug in das Wohnzimmer halten!

INHALTSÜBERSICHT

INHALTSÜBERSICHT

DANKSAGUNG

Julie Guehria, Cédric Gidoin, Jean-Pascal Levy Trumet, Olivier und Françoise Desmettre, Valérie Escanez-Guitton, Antoine Vidaling, Ghislain Antiques, Catherine Talamoni, Jérôme Lepert, Julien Bassouls, Philippe Harden, Cristina Zonca, Frédéric Daniel, Karine Herz, Vladimir Doray, Alba Pezone, Caroline Giraud, Stéphane Quatresous, Hadji und der Friseursalon Récup'Hair, Jérôme Delor und die Boutique Abalone, Gérard Szenik und die Marke Sensei.

Die Autorin bedankt sich besonders bei Maurice Rodrigues, Guillaume und Gasby Dubois, Marie Delas von Céladon éditions und bei Agnès Busière.
Die Fotografin bedankt sich besonders bei Agnès Busière, Marie Delas und bei den Haus- und Wohnungsbesitzern, die uns geholfen haben.
Zum Schluss vielen Dank an Solange für ihre Designs, an Rémi für seine Effizienz und an Chloé für die künstlerische Leitung.

BILDNACHWEIS

Industrielle Architektur, Jérôme Lepert. Seiten 4, 42, 45, 50, 52, 55.

ZUT! Frédéric Daniel Antiquités. Seiten 27, 56.

Ghislain Antiques. Seiten 2 (von links nach rechts und von oben nach unten: 4. Foto), 9, 43, 48, 49 (rechts), 57 (unten).

Atelier 154. Seiten 2 (von links nach rechts und von oben nach unten: 5. Foto), 19, 25, 37, 40 (links), 53 (unten links), 57 (oben).

Boutique Carouche. Seiten 46, 47, 54.

Fabrice Ausset et Virginie Leclerc (Architekten ZOEVOX). Seiten 2 (von links nach rechts und von oben nach unten: 6. Foto), 7, 20 (links), 23 (oben), 31 (oben), 32, 39, 51, 64 (oben).

Karine Herz (Sanierung). Seiten 2 (von links nach rechts und von oben nach unten: 1. Foto), 21 (unten), 22, 24, 60.

Vladimir Doray (Architekt). Seiten 2 (von links nach rechts und von oben nach unten: 3. Foto), 10, 62 (oben), 68.

Philippe Harden (Architekt). Seite 66 (links).

Jean-Pascal Levy Trumet (Dekoration) und Isabelle Stanislas (Architekt). Seiten 8, 9 (oben), 14 (unten), 16, 31 (unten), 33, 69 (oben rechts), 70 (links).

Cristina Zonca (Sanierung). Seiten 17, 30, 36 (links), 71.

Anne-Cécile Comar und Stéphane Pertusier (Architekten Atelier du Pont). Seiten 6, 11, 13, 15, 26, 61, 63, 66 (rechts).

Noëlle Merlet (Architekt). Seiten 2 (von links nach rechts und von oben nach unten: 7. Foto), 14 (oben), 18, 20 (rechts), 29, 41, 69 (unten).

Valérie Escanez-Guitton. Seiten 53 (rechts), 62 (unten), 67 (oben), 69 (oben links).

Création Michel Gabillon (Metallhocker). Seite 21 (oben).

Badtextilien Sensei. Seiten 13, 31 (oben, 69 (unten).

Küchen Arclinea. Seite 65.

Homecoaching – Industrie-Design

7Hill ist ein Imprint der Tandem Verlag GmbH

Übersetzung aus dem Französischen: Dominic Gergen, Saarbrücken
Satz und Produktion: Ina Friedrich, Saarbrücken
Umschlaggestaltung: Roman Bold & Black, Köln
Gesamtherstellung: Tandem Verlag GmbH, Potsdam

ISBN 978-3-8331-5908-4

Printed in China

10 9 8 7 6 5 4 3 2 1